改訂版 ORのはなし

●意思決定のテクニック

大村 平 著

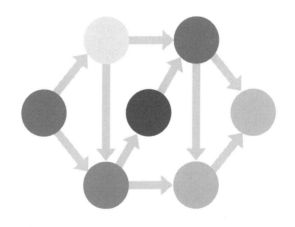

日科技連

まえがき

　私たちは，自らの人生の経営者です．同時に，企業の経営に携わったり，自治体や国の経営に参画される方も少なくないでしょう．

　経営では常に判断と決断が求められます．多くの場合，判断や決断に必要な情報が完全には揃っていないし，また，情報もじゅうぶんには整理されない状況のもとで，です．それにもかかわらず，判断が悪く決断をまちがえようものなら，たいへんです．ときには，組織や組織の構成員に致命的な損害をもたらすことも珍しくはありません．

　以前には，情報が不完全なままでも豊富な経験と磨き抜かれた勘によって正しい決断を下せる人たちが，優れた経営者としての名声をほしいままにしてきました．しかし，昨今では，社会のしくみがひときわ複雑になるとともに，情報の量も加速度的に増大しつつあります．なんの助けも借りずには，豊富な経験と磨き抜かれた勘をもってしても，ものごとの利害得失を正確に判断して正しい判断を下すことがむずかしくなってしまいました．

　そこで，なまの情報を整理し加工して，判断と決断に必要な良質の情報に仕上げ，具体的にいうなら最善の策を描き出して，意思決定の責任者に提供するための科学的な手法がつぎつぎと開発されてきました．これらの手法を総称してオペレーションズリサーチと呼んでいます．

　こういうわけですから，オペレーションズリサーチは純粋科学でもなければ整然と体系化された学問でもありません．見方によっては，

問題の形式も解決の手段も難易の度合いもさまざまな手法が混在する雑居集団です．それに，時代の要請や問題解決の道具の進歩などによって，新しい手法が開発されたり手法が変化したりしています．

したがって，肩を張り渋面を作ってオペレーションズリサーチに対面する必要はまったくありません．むずかしい数学を使わないとオペレーションズリサーチではないと思われがちですが，とんでもないことです．図やグラフだけで最善の策が見つかることもあるし，トランプやサイコロで一応の答を出せることも少なくないのです．しかも，大企業や国家の経営に役立つばかりか，私生活にも即効力を発揮する手法もたくさんあります．どうぞ，役に立つところから遠慮なくつまみ喰いをしていただきたいと思うのです．

この本では，第1章をお忙しい方むきに読み切りの章にしてみました．そして，第2章から第8章までを個々の手法のご紹介にあて，最後の第9章では個々の手法で得た答をどのように意思決定に結びつけるかについて述べてあります．もとより浅学で筆もつたないうえに内容を欲張りすぎていますので，舌たらずであったり深みがなかったりする点につきましては，ご寛恕くださいますよう，おねがいいたします．

最後に，この本を世に出す機会を与えていただいた日科技連出版社の方々，とくに，いつも苦労と喜びを私とわかちあってくれる山口忠夫課長，それに戸羽節文さん，また，原稿の整理その他に協力してくれた梶田美智子さんに，心からお礼を申し上げます．

平成元年7月

大　村　　　平

まえがき

　この本が出版されてから,早いもので四半世紀を超えました.その間に,思いもかけないほど多くの方々にこの本を取り上げていただいたことを,心からうれしく思います.ところが,その間の社会環境の変化などにより,文中の記述に不自然な箇所が目につきはじめたため,そのような部分を改訂させていただきました.また,より具体的にイメージしてもらいやすいように,一部の表現も変更させていただきました.

　改訂版の執筆に取り掛かるようになってから,すでに13年も経ちました.このシリーズが,今まで以上に多くの方々のお役に立てるように,これからも書きつづけるつもりです.もし,それを願っていただけるなら,これに過ぎる喜びはありません.

　なお,改訂にあたっては,煩雑な作業を出版社の立場から支えてくれた,塩田峰久取締役に深くお礼を申し上げます.

　2015年3月

大　村　　平

目　　次

まえがき ………………………………………………………… *iii*

1. OR のすべて，見せます ……………………………… *1*
　費用対効果を較べる ………………………………………… *1*
　混ぜ合わせのテクニック …………………………………… *7*
　作戦のモデルを作る ………………………………………… *16*
　シミュレーションで優劣を較べる ………………………… *20*
　オペレーションズ・リサーチの正体は …………………… *24*
　オペレーションズ・リサーチを弁護する ………………… *31*

2. 線形計画法（その1）
　──混ぜ合わせと割り当てのテクニック── ………… *39*
　混合問題の口なおし ………………………………………… *39*
　割り当てのテクニック ……………………………………… *44*
　変数がふえたら ……………………………………………… *50*
　LP の秘術，シンプレックス法 …………………………… *55*

3. 線形計画法（その2）
　──線形とはいうものの── ……………………………… *61*

輸送問題をスタート ……………………………………… *61*
　　輸送問題を解く …………………………………………… *67*
　　クラス分け問題 …………………………………………… *74*
　　巡回セールスマンの問題 ………………………………… *82*
　　非線形計画法と整数計画法 ……………………………… *90*

4．動的計画法
　　——将来への最善を積み重ねて—— ……………………… *93*
　　過去はさておき，将来へ ………………………………… *93*
　　最短のルートを求める …………………………………… *96*
　　確率的な現象でも ………………………………………… *100*
　　相手がいても ……………………………………………… *106*

5．待ち行列と在庫管理 ……………………………………… *113*
　　待ち行列に参加して ……………………………………… *113*
　　待ち行列のモデルを作る ………………………………… *117*
　　待ち行列の式をころがす ………………………………… *120*
　　待ち行列の性質あれこれ ………………………………… *126*
　　窓口が2つ以上なら ……………………………………… *131*
　　在庫管理への誘い ………………………………………… *137*
　　なん回に分けて発注するか ……………………………… *139*
　　最適な仕入れ個数は ……………………………………… *144*

6．PERT
　　——最善の日程計画を追究する—— ……………………… *148*

パートをはじめる ……………………………… *148*
　　アロー・ダイヤグラムを描く ………………… *150*
　　クリティカルパスを見つける ………………… *154*
　　クリティカルパスを改善する ………………… *157*
　　PERT を計算する ………………………………… *161*
　　PERT を進める …………………………………… *166*

7．シミュレーションとモデル …………………… *170*
　　シミュレーションさまざま …………………… *170*
　　お見合いを，もういちど ……………………… *174*
　　確率を作り出す ………………………………… *179*
　　モンテカルロ・シミュレーション …………… *184*
　　モデルが決め手 ………………………………… *189*

8．ゲームの理論 ……………………………………… *193*
　　ゼロ和2人ゲーム ……………………………… *193*
　　サドル点を見つける …………………………… *196*
　　ミニマックス戦略 ……………………………… *199*
　　不要な手は捨てる ……………………………… *203*
　　手を混ぜて戦う ………………………………… *205*
　　囚人のジレンマ ………………………………… *210*
　　3人以上のゲーム ……………………………… *213*

9．意思決定への道 …………………………………… *216*
　　確実性のもとで ………………………………… *216*

リスクのもとで……………………………………………………*219*
不確実性のもとで……………………………………………*224*
特殊事情のもとで……………………………………………*227*
効用は金額に比例しない……………………………………*229*
一発勝負では効用を最大に…………………………………*232*
意思決定に奉仕するOR……………………………………*238*

付録（1）シンプレックス法………………………………*244*
付録（2）116ページの確率計算……………………………*251*

本文イラスト─佐々岡秀夫

1. ORのすべて,見せます

費用対効果を較べる

バブル全盛期のころの話です.日本の国土はアメリカの20分の1にも満たないのに,東京23区の土地の総額でアメリカ全土が買えたというのです.バブルのころ,土地神話によって,いかに土地代が上がっていたかを物語る話です.マクロに見れば日本は大金持ち……と喜ぶべきかもしれませんが,庶民生活の現実からいえば土地代が高いのは困りものです,当時の価格とは比較になりませんが,東京都心部に庶民が一戸建てを持つのは叶わぬ夢……こうなってしまっています.

そのため,東京から100km以上も離れている宇都宮や高崎に自宅を取得して新幹線で東京へ通勤するサラリーマンが多くいますし,リニア新幹線の開業を前に,100km以上も離れていても20分余りで東京や品川に通勤できるようになる甲府には,"リニア団地"なるものができているようです.さらに,平日は都心部のちっぽけなワ

ンルームのセカンドハウスから出社し，週末ごとに洗濯物を抱えて妻子の住む遠く離れた自宅に帰るという，なんとも奇妙な"逆さ別荘族"なる方々もいます．日本が小金持ちに後退してもいいから地価は抑制してほしいように思います．

逆さ別荘族といえば，動機はちがいますが私の場合もそうでした．私ごとで恐縮ですが，オペレーションズ・リサーチのなにかの足しになると思いますので，しばらく私の身の上話に付き合っていただけませんか．

まだ30歳代の働き盛りであったころ，私は片道1時間半の通勤を強いられていました．ラッシュアワーの肉体的な苦痛もさることながら，通勤による時間のロスに参っていました．なにしろ，24時間から勤務時間，睡眠時間，食事や洗面などの時間を差し引いた僅かの自由時間に，通勤時間がばっちりと喰い込むのだからかないません．自分の時間がまるでなくなってしまうではありませんか．通勤さえ近ければ，もっともっと読書も勉強もできるはずなのに……．

そこで，ほとんど通勤時間のいらない同僚と，2人の時間の使い方を克明につき合わせてみました．当然，その同僚のほうが多くの時間を勉強に配分しているにちがいないと思って，です．

ところが，意外な結果がでました．私が通勤の2時間余りをほとんど読書にあてていたのに対して，くだんの同僚は，その時間を幼い息子をひざに，テレビアニメに見入ったりして費やしていたのでした．通勤は遠いほど勉強ができる……！

さて，四季はめぐり時は移って，40歳代も半ばになると事情は一変しました．目が衰えて車中での読書がしんどくなってきたので

す．そうなると，通勤時間はロス以外のなにものでもありません．やむを得ず，背に腹は代えられぬ，人生の残り少ない時間をカネで買おう，こう覚悟を決めて職場の近くに前進基地としてのワンルームを買い求めることにしました．これで1日あたり2時間の勉強時間が浮くとなれば安いものだ……．

こういういきさつで中古のワンルームマンションを買う決心をしたのですが，さて，ここからがオペレーションズ・リサーチです．90分の通勤時間を完全に節約するには勤務場所に隣接した前進基地を持てばいいのですが，不幸なことに当時の私の勤務場所は東京のどまん中，六本木にあり，中古にもかかわらず，そのあたりのマンションは呆れるほどの高値でした．当時と今とではずいぶん値段がちがうので，現在の値段に換算して話を進めることに同意していただき，通勤時間がゼロの辺りの中古のワンルームは，2500万円もしたと思ってください．いくら時間をカネで買う覚悟を決めたとはいえ，2500万円は許し難い出費です．そこで，多少の通勤時間をがまんすればどうなるのかと，いくつかの物件の値段を調べてみました．その調査結果が表1.1です．

表1.1 調査して得た情報

物件	価格(万円)	通勤時間(分)	節約時間(分)	価格／節約時間(万円／分)
A	2500	5	85	29.4
B	2000	10	80	25.0
C	1500	20	70	21.4
D	1000	30	60	16.7
E	800	45	45	17.8
F	600	60	30	20.0

調査した物件は自宅から勤務先への通勤途上にある A から F までの6件ですが，いずれも 20m² 程度の狭い空間にユニットバスとミニキッチンを詰め込んだワンルームマンションです．たとえば，物件 A は勤務場所のすぐ近くにあり通勤時間はたった5分ですみますから，85分の節約になるのですが，値段はなんと 2500 万円也．片道1分を節約するために約 29.4 万円を要しているかんじょうになります．また，物件 F は価格は 600 万円と安いのですが，たった 30 分しか節約できないので，1分を節約するための費用は約 20.0 万円となり，物件 A の場合と大きくは変わりません．

A から F までの6つのデータを比較してみてください．時間をカネで買うという狙いに照らすなら，物件 D がもっとも目的に適っています．なんといっても，1分を節約するための費用がいちばん安く，言いかえれば同じ費用でいちばん多くの時間が買えるからです．

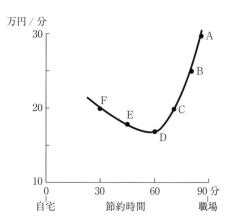

図 1.1　1分を買うのになん万円かかるか

念のために，節約時間と「片道1分を節約するための値段」との関係をグラフに描いてみました．図 1.1 の横軸は節約時間なのですが，これはまた，自宅から職場までの通勤経路上の位置を表わしているとも考えられます．見てください．自宅から 60 分，職場から

30 分のところにあるワンルーム D が，いちばん安上りに時間を買える物件であることが明瞭ではありませんか．

少々くどいかもしれませんが，縦軸を「片道 1 分を節約するための値段」ではなく，「1000 万円の値段で節約できる片道の時間」としてグラフを描くと，図 1.2 のようになります．こんどは，同じ費用で比較するとワンルーム D がもっともたくさんの時間が買える物件であることが語られています．

図 1.1 は，1 分を節約するのにいくらかかるかを比較していました．つまり，同じ効果をあげるのに必要な費用を比較して軍配を D にあげたのでした．そして図 1.2 では，1000 万円という一定の費用でどれだけの通勤時間を節約できるか，言いかえれば，同じ費用がどれだけの効果を生むかを比較して，D がもっとも優れていると判断したのでした．要するに両者とも効果と費用との比をものさしにして，いくつかの候補の優劣を判定しているわけです．このような評価の尺度は**費用対効果**（cost effectiveness）と通称されています．

費用対効果を尺度にして，いくつかの案の優劣を分析検討することは**費用対効果分析**（cost effectiveness analysis）とか**費用便益分析**（cost benefit analysis）などと呼ばれています．文字で

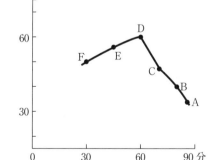

図 1.2　1000 万円でなん分買えるか

書くときには，費用－効果分析，費用－便益分析とすることも多いようです．

なお，費用は必ずしもカネであるとは限りません．労力であったり，使用する土地や床の面積であったり，時間であったりしますから，投入する資源とでも解釈しておけばいいでしょう．

さて，本論に戻ります．人生の残り少ない時間をカネで買おうと覚悟を決めた私は，運勤時間を節約するための前進基地についてのデータを集め，費用対効果を比較してみたところDというワンルームマンションが最適であるとの結論を得たのでした．しかしながら，この結論だけでこのワンルームを購入するほど事態は単純ではありません．なにせ，中古で1000万円です．ローンの返済計画や節税との関係，将来の資産価値の見通し，購入と賃貸の比較などのほか，目的外の利用価値も気になるし，職場に近すぎると悪友の溜り場になることも心配です．あれやこれやと検討に検討を重ね，ついに私はDというワンルームマンションを購入する決心をし，実行しました．これで1日あたり2時間の勉強時間が浮くなら安いものだと胸を張って，です．

後日談……，1日あたり2時間の余裕ができた私は，どうしたかというと，1日あたり2時間ずつ余分に飲み歩いてしまったことを告白しなければなりません．

長らく身の上話に付き合っていただき，ありがとうございました．実は，人生の残り少ない時間をカネで買おうと決めて，前進基地についてのデータを集め，価格／節約時間という単純なモデルに整理し，その大きさを比較検討したところ，ワンルームDが最適であるとの結論に達し，この結論が私の決心を促したという筋書き

が典型的な**オペレーションズ・リサーチ**(operations research, 略して OR と呼ばれます)*なのです.

けれども, OR はもっと高級で難解なものだと信じておられる方にとって, この程度のものが OR であるとは納得していただけないのではないかとおそれます. そこで, ひき続き 2 つばかり実例をご紹介しながら, OR の全貌を明らかにしていくことにしましょう.

混ぜ合わせのテクニック

大量消費時代の昨今では, 毎年のようにヒット商品が生まれます. ところが, これらのヒット商品の中には短期間で熱気が冷めて, 家庭の押入れに眠ってしまうものも少なくありません. ある調査によると, その筆頭はジューサーだそうです. この節では, そのジューサーにひと働きしてもらいます.

私は栄養学にはずぶの素人ですから, とんちんかんなところがあってもお許しいただきたいのですが, ビタミンのうち A, D, E などは食いだめが効くけれど, B_1 と B_2 と C は毎日とるのが望ましいのだそうです. そこで, 多くの先生方が言われるように, 1 日あたりビタミン B_1 は 2mg, B_2 も 2mg, C は 60mg を欠かさない努力をしようと思います. そのため, 安価で入手しやすく長持ちする食品のうち, ビタミン C に富むミカンと B_1 と B_2 に富むワカメをジューサーで混ぜ合わせてジュースを作り, 毎日のむことにしました.

---

* 米語では operations research ですが, 英語では operational research といいます.

調べてみると，ミカンやワカメのそれぞれ1kgに含まれるビタミンB_1とB_2とCの量は表1.2くらいの値のようです．ミカンはCが多くて安いけれどB_2が少なく，ミカンだけで必要量のB_2を補給するためには毎日5kgも食べなければならず，正気の沙汰ではありません．いっぽう，ワカメのほうはB_1もB_2も多いのですが，安価でないのが玉にきずです．なんとか両者を適正に混ぜ合わせて，安上がりにB_1，B_2，Cの必要量を摂取しようと思います．適正な混ぜ合わせ方を見つけてください．

この問題を解くには中学3年生の数学力が必要です．まず，

　　　ミカン　を　x kg

　　　ワカメ　を　y kg

ずつ混ぜ合わせることにしましょう．x も y もマイナスの値になることは許されませんから

$$\left.\begin{array}{l} x \geqq 0 \\ y \geqq 0 \end{array}\right\} \quad (1.1)$$

でなければなりません．つぎに，ミカンx kgとワカメy kgのジュースの中に含まれるビタミンB_1は$(x+4y)$ mgであり，これが1日の必要量の2mgより多くなければいけませんから

$$x + 4y \geqq 2 \qquad (1.2)$$

表1.2　ミカンとワカメのそれぞれ1kgに含まれるビタミンの量mg

ビタミン	ミカン	ワカメ	必要量 mg/日
B_1	1	4	2
B_2	0.4	6	2
C	400	100	60
価格	300円/kg	2000円/kg	

が要求されています．同じようにビタミン B_2 については

$$0.4x + 6y \geqq 2 \quad (1.3)$$

が必要であり，また，ビタミンCについてみると

$$400x + 100y \geqq 60 \quad (1.4)$$

でなければなりません．

いっぽう，ミカン x kg とワカメ y kg を合計した価格を z とすると

$$z = 300x + 2000y \quad (1.5)$$

ですから，私たちの問題は式 (1.1)，(1.2)，(1.3)，(1.4) の制約条件のもとで，式(1.5)で表わされる z が最も小さくなるような x と y とを求めることに帰着します．

この問題は数学の運算によっても解くことができるのですが，それにはちょっとした技巧が必要です．そこで，グラフの助けを借りながら中

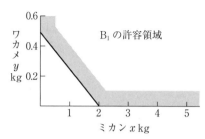

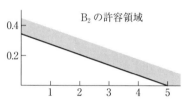

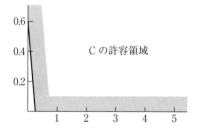

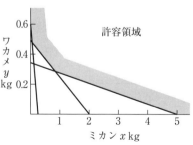

図1.3 許容領域を総合する

3の数学で答を見つけていくことにしました.

まず,式(1.1)の制約条件は簡単です.xもyもマイナスにならないように,というわけですから,グラフとしては第1象限に限って物事を考えればよく,単純でありがたいと感謝しなければなりません.

つぎに,式(1.2)で表わされるビタミンB_1についての制約条件です.式(1.2)の左辺にあるxを右辺に移項し,両辺を4で割ると

$$y \geqq \frac{1}{2} - \frac{1}{4}x \qquad (1.2)もどき$$

となります.もし両辺を結ぶ記号が≧ではなく=だけならば,この式は単純な1次式であり,そのグラフは図1.3のいちばん上の図に記入された直線で示されます.しかし,式(1.2)もどきは≧で結ばれていますから,この直線よりもyが大きい範囲,すなわち,図に薄ずみを塗った領域がこの式を満足することを意味します.*

見てください.ミカンが2kgより多ければ,ワカメの量とは無関係にビタミンB_1の許容領域になっています.これは表1.2で紹介したように,ミカンのB_1含有量が1kgあたり1mgあり,1日の必要量は2mgだから,2kg以上のミカンを食べればほかの物はなんにもいらないという理屈と合致しています.また,ワカメを0.5kg以上とればB_1はじゅうぶんであることを,図1.3と表1.2の

---

* 「式(1.2)もどきは≧で結ばれていますから,この直線よりyが大きい範囲……」は,厳密には正しくありません.うるさく言えば「……≧で結ばれていますから,この直線上およびこの直線よりyが大きい範囲……」としなければならないのですが,煩わしいので「直線上」は省略させていただきます.次章以降も同じです.

両方で確認してみてください．問題はミカンが 2kg 以下，ワカメが 0.5kg 以下のときであり，この場合は図の中に引かれた斜めの直線より上になるようにミカンとワカメが組み合わされる必要があることになります．

話がくどくなってしまいました．先へ進みます．つぎはビタミン B_2 についての制約条件です．式(1.3)で表わされる許容領域は，B_1 の場合と同じように考えれば，図 1.3 の上から 2 番めの図に薄ずみを塗った範囲となるでしょう．さらに，ビタミン C についての許容範囲が 3 番目の図に薄ずみを施した部分であることを突きとめるのも造作ありません．

さて，私たちに要求されている条件は，ビタミン B_1, B_2, C のすべてが許容領域にあたることです．したがって，図 1.3 の上から 3 つの許容領域のすべてに合格しなければなりません．そのためには，図 1.3 のいちばん下の図に薄ずみを塗った部分だけがその期待に応えられる領域であることは明らかです．すなわち，私たちはこの領域の中にある x と y との組合せの中から答を選ばなければな

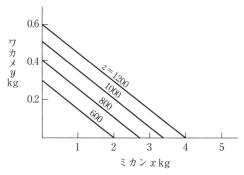

図 1.4　ミカンとワカメの合計金額

りません.

さあ,いよいよ最終段階です.私たちは,ミカン x kg とワカメ y kg の価格

$$z = 300x + 2000y \qquad (1.5)と同じ$$

が最も小さくなるように x と y とを決めたいのでした.そこで,この式をグラフに描いてみます.この式には変数が3つもあるので平面上にグラフを描くことはできませんから,z を 600 円,800 円,1000 円というような定数とみなしましょう.そうすると,図 1.4 のような平行に並んだ直線の群れが描かれます.* もちろん,z をどのような半端な値にしてもかまいませんから,無限に密接して並んだ直線の群となるはずです.

では,この図 1.4 を図 1.3 のいちばん下の図に重ね合わせてください.図 1.4 の直線群のうち,図 1.3 の薄ずみを塗った領域にかからない直線たちは役立たずです.薄ずみを塗られていない領域はビタミンについての制約条件を満たしていないからです.

これに対して,図 1.4 の直線群のうち,少しでも薄ずみの領域にかかる直線たちはビタミンに関する条件を満たす部分を持っています.これらの中からもっとも安上がりな直線を選びましょう.図 1.4 からわかるように,直線は左下にいくほど安上がりですから,薄ずみの領域の左下に突き出した角にきわどく接する直線がもっとも安上がりであるはずです.そして,そのとき許される x と y の

---

* 式 (1.5) は,z が定数であれば x と y の 1 次式ですから $x - y$ 座標上では直線になります.かりに z を 600 とすると,x が 0 のとき y は $600/2000 = 0.3$,y が 0 のとき x は $600/300 = 2$ でなければなりませんから,y 軸上の 0.3 と x 軸上の 2 を直線で結ぶことによって,容易に図示できます.

組み合せは，この直線が薄ずみの領域にきわどく接する接点，すなわち，図1.5に「ここが費用最少」として示した点にちがいありません．

この接点の座標は，図1.3を上からずっと眺めていただくとわかるように，ビタミンB_1の許容範囲の下限とビタミンB_2の許容範囲の下限との交点ですから

$$x + 4y = 2 \qquad (1.2)の一部$$
$$0.4x + 6y = 2 \qquad (1.3)の一部$$

を連立して解けば求まります．計算結果は，どなたがどのような手順で解かれても

$$x = 10/11 \fallingdotseq 0.909 \qquad (1.6)$$
$$y = 3/11 \fallingdotseq 0.273 \qquad (1.7)$$

となるはずです．すなわち，

  ミカン　を　約 0.909kg

  ワカメ　を　約 0.273kg

ずつ混ぜ合わせて作ったジュースを飲むのが，もっとも安上りにビ

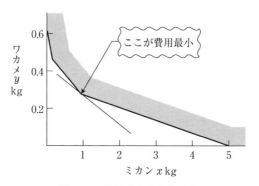

図1.5　費用最小の点を求める

タミン B_1, B_2, C の必要量を摂取できるはずであり,そのときの費用は式(1.5)にこれらの値を代入すれば

$$z = 300x + 2000y$$
$$\fallingdotseq 300 \times 0.909 + 2000 \times 0.273$$
$$\fallingdotseq 819 \text{ 円} \tag{1.8}$$

であることがわかります.

これで,私たちの問題は見事に解決しました.さっそく死蔵されていたジューサーに目を覚まして活躍してもらいたいところですが,ちょっと待ってください.現実問題としてミカンを毎日 0.909kg,つまり 1kg 近くもジュースにして飲むことなどできるでしょうか.コップに 5 杯もですよ.ビタミン C はとりすぎても害はないとは聞きますが,これでは皮膚が黄色くなってしまいませんか.この答は,どこか釈然としないのです.

それでは,これだけのミカンとワカメのジュースを飲んだら,どれだけのビタミンがとれているのかを調べてみることにしましょうか.表1.2の値によれば

$$\left. \begin{array}{l} B_1 \fallingdotseq 0.909 + 0.273 \times 4 \fallingdotseq 2\text{mg} \\ B_2 \fallingdotseq 0.909 \times 0.4 + 0.273 \times 6 \fallingdotseq 2\text{mg} \\ C \fallingdotseq 0.909 \times 400 + 0.273 \times 100 \fallingdotseq 391\text{mg} \end{array} \right\} \tag{1.9}$$

となります.安上りに B_1 と B_2 の必要量をとろうとすると,否応なしに C の摂取量が必要量の 6 倍以上にもなってしまうのです.ずいぶんむだな話です.きっとミカンとワカメにこだわったのが悪いのでしょう.C に較べてもっと B_1 と B_2 が豊富で安価な食品,たとえば,豚肉とか強化米などとミカンとの組合せを考えてみるほうがよさそうな気がします.ジューサーが眠っているからといって,

ジュースにすることが必須条件でもあるまいし……. *

この節の物語は，尻切れとんぼ，です．問題としては見事に解けたのですが，その結果を私たちの決心や行動に移すのは，どうやら不適当だったようです．けれども，思考の過程を振り返ってみると，前節の場合とよく似たパターンをたどっていることに気がつきます．

ビタミン B_1 と B_2 と C の必要量を日ごとに摂取しようと決めて，ミカンとワカメについてビタミンの含有量や価格についてのデータを集め，ビタミンの摂取量や経費を式(1.1)～(1.5)の数式によってモデル化し，ミカン 0.909kg とワカメ 0.273kg をとるのが，ビタミンについての要求を満たしながら費用を最小にする方策であるとの結論を得たのでした．

ここまでの経緯は 6 ページの 22～25 行までの記述と較べていただくとわかるように，前節の場合とよく似たパターンです．すなわち，問題が提起され，データを集め，モデルを作り，最適の答を見つけるという一連の作業が行なわれていたわけです．前節とちがうところといえば，前節では作業の結論が意思決定に強く影響したの

---

* 精米によって失われた栄養分のうち，とくに重要なビタミン B 群を補充して栄養価を高めたお米のことです．ある県の学校給食で使用されているものは，100g あたりビタミン B_1 を 120mg，B_2 を 6mg 含んでいます．この強化米とミカンとを組み合わせて表 1.2 のビタミン必要量をとるとしたら，それぞれなん kg ずつ食べたらいいでしょうか．簡単な計算だけで答がわかりますから，各人でやってみてください．

　答は，1 日あたりミカンを 0.15kg 以上，強化米を 0.0324kg 以上とればだいじょうぶ，となります．ミカンとワカメを組み合わせるより，ずっと現実的ではありませんか．価格もきっと安いことでしょう．

ですが，今回は残念ながら意思決定には寄与できませんでした．

　最適の答を見つけようとして行なったこの節の作業手順は，**線形計画法**(linear programming)と呼ばれ，オペレーションズ・リサーチの中では王様格の手法です．とくに，この節のように最適な混合割合を見出そうとする問題は**混合問題**というニックネームが与えられているくらい，典型的なオペレーションズ・リサーチの解法のひとつです．線形計画法については後ほど章をもうけて詳しくご紹介しますから，ここでは深入りはしませんが，私たちはすでに，オペレーションズ・リサーチに片足を踏み込んでしまったことになります．

　なお，6ページと15ページでなんの注釈もなしにモデルという用語を使いましたので，お耳ざわりだったかもしれません．一般に，不必要な性質を大胆に無視して，必要なエッセンスだけを取り上げたものを**モデル**と呼んでいます．たとえば，観賞用のプラモデルは重さ，材質，機能などには頓着せずに外形や色彩だけを模倣していますし，平均世帯のモデルは家族の体型や容姿などはさておき家族構成と収入だけでモデル化されているように，です．

作戦のモデルを作る

　もうひとつ，毛色の変わった話題を提供しましょう．私たちの人生は，大小さまざまな決心の連続です．中でもいちばん悩むのは，たとえば，入社試験に合格したけれど，入社の決心をしてしまえば，それから先はもっといい会社を受験する機会を捨てなければならず，かといって，合格した会社をふってしまうと，それから先に

1. OR のすべて，見せます

もっといい会社に受かるとは限らないし，へたをするとどこの会社にも入れない危険性さえある，という場合ではないでしょうか．入社，入学，買物，お見合など，いろいろな場合に私たちはこの悩みに遭遇するのです．そこで，この難題に対処する最善の態度を探ってみようと思います．ただし，この問題は，まさに難問です．ひとすじ縄ではいきません．仕方がありませんから，問題をいくらか単純にしましょう．

あなたはこれから10回だけお見合を世話してもらえることになったと思ってください．この中で相手が決まらなければ結婚相手には一生めぐり逢えないものと覚悟していただきます．もちろん，1回には1人としかお見合はできませんし，いちど断わった相手とヨリを戻すことは遠慮ねがいます．

こういう前提ですから，このあたりでよかろうと妥協して相手を決めてしまえば，それから先にどのような絶世の美女が待っていたかは知るよしもありません．また，もっとよい条件の相手が現われることを期待して目の前のチャンスを見送ったあげく，それからあとは不美人ばかりが現われて，こんなことならあのとき決めておけばよかったと悔んだところで，あとの祭りです．ただ，お見合の結果はあなたの意思次第であり，相手にふられることはない，としているところがなによりの救いです．さあ，どういう作戦で10回のお見合に臨みましょうか．

まず，5種類の作戦を立ててみます．この5種類を比較検討して，最善の作戦を選ぼうというわけです．作戦は表1.3のとおりです．「速決型」では，1人めはとにかく見送ります．1人めにいちばん上等の女性が現われる確率は1/10しかないし，それに1人め

表 1.3　5 種類の作戦を立てる

〔速決型〕	1 人め	見送る
	2, 3, 4 人め	それまでの最下位でなければ決める
	5, 6 人め	それまでの 4 位以内なら決める
	7, 8 人め	それまでの 5 位以内なら決める
	9 人め	それまでの 6 位以内なら決める
	10 人め	決める (他の作戦でも同じ)
〔性急型〕	1, 2 人め	見送る
	3 人め	それまでの 1 位なら決める
	4, 5 人め	それまでの 2 位以内なら決める
	6, 7 人め	それまでの 3 位以内なら決める
	8, 9 人め	それまでの 4 位以内なら決める
〔妥協型〕	1, 2, 3 人め	見送る
	4 人め	それまでの 1 位なら決める
	5, 6, 7 人め	それまでの 2 位以内なら決める
	8, 9 人め	それまでの 3 位以内なら決める
〔慎重型〕	1, 2, 3, 4 人め	見送る
	5, 6, 7 人め	それまでの 1 位なら決める
	8, 9 人め	それまでの 2 位以内なら決める
〔優柔型〕	1, 2, 3, 4, 5 人め	見送る
	6, 7, 8, 9 人め	それまでの 1 位なら決める

で決めるなら 10 人もの候補者なんかいらないではありませんか．2 人め以降は，一刻も早く決めてしまおうという態度に徹しています．2 人めは 1 人めより優れていれば決めてしまうし，劣ればパスします．3 人め，4 人めでは，それまでの女性たちと較べて最下位でなければ決めてしまうというのですから，かなりの「速決型」でしょう．「早とちり型」といってもいいかもしれません．以下，5, 6 人めは 4 位以内，7, 8 人めは 5 位以内，9 人めなら 6 位以内と，かなり寛大な条件で早く相手を決めようとするのですが，これだけ急いでも 10 人の女性の順序によっては最後まで決まらず，10 人めが現

われることがあるかもしれません．10人めで決めてしまわないと，一生ひざ小僧を抱えてひとり寝をすることになってしまいます．

「性急型」は，1人め，2人めは候補者たちのレベルに見当をつけるために見送るのですが，それ以降はなるべく早く決めてしまうつもりです．うじうじして10人めまで持ち越したくはないなという気持ちが表われています．まさに「せっかち型」と呼ぶにふさわしい作戦です．

「妥協型」は，あまり選り好みしたあげくにハズレを摑むはめになるのは嫌だから，ほどほどで妥協しようという気持ちが見え見えです．「ほどほど型」とでもいうところでしょうか．

「慎重型」は，一生の伴侶を決めるのだから，慎重になるのは当然ですが，7人めでもそれまでの1位ならとか，9人めまできても2位以内とかいうのは慎重を通り越して「のろま型」ではないでしょうか．

「優柔型」は，これはもう，優柔不断以外のなにものでもありません．5人めまで，無条件でパスしたあげくに，8人めや9人めになっても，それまでの誰よりも優れていなければ決めないなどと，いったい，なに様のつもりなのでしょう．「うぬぼれ型」の別名でも差し上げたいくらいです．

これで，5種類の作戦が出揃いました．平均的に見てどの作戦が優れた女性を獲得できるでしょうか．また，10人のうち最高の女性を得る確率は，どの作戦がもっとも大きいでしょうか．逆に最低の女性を摑んでしまう危険性は，どの作戦に多いのでしょうか．印象としては，全体的に待ちすぎのようにも感じますが……．

この問題は，もちろんしこしこと確率計算を繰り返せば数学的に

解くことが理屈の上では可能です．けれども，その作業量はべらぼうで，とても生きているうちに計算が終わりそうにはありません．なんたって，10人の女性が現われる順序は 3,628,800 とおりもあるのです．* 計算の量がべらぼうなだけならパソコンを使えばいいではないかとのご意見もあろうかと思いますし，そのとおりなのですが，パソコンが得意な人ならともかく，やはりかなりの手間と経費がかかります．

そこで，名案をご紹介します．ガールフレンドにでも手伝ってもらえば，僅か20〜30分くらいで5つの作戦の優劣を判定するにじゅうぶんなデータを作り出す方法をご紹介しようというのです．だまされたと思って付き合っていただけませんか．

シミュレーションで優劣を較べる

僅かの手間で5つの作戦の優劣を判定するためのデータを作り出す名案とは，要するに実際にやってみて結果を比較しようという方法です．なん回もなん回も実験をしてみれば，おのずからどの作戦が優れているかが見えてこようというものです．とはいうものの，まさか10人の女性とのお見合をなん回も実験してみるわけにはいきません．そこで，10枚のトランプカードを10人の女性とみなして模擬実験を繰り返してみることにしましょう．

---

* n 個の異なるものを一列に並べる並べ方，つまり順列の数 $n!$ です．したがって，10人の女性が現われる順序には
 $10! = 3{,}628{,}800$ とおり
があります．

1. ORのすべて,見せます

　10枚のカードは同じ種類(スーツ)のA,2,3,……,10を使うのがいいでしょう.Aは1点の価値しかない女性,2は2点,……,10なら10点の価値がある女性とみなすのです.もちろん,10点は非のうちどころのない完璧な女性を意味するわけではなく,10人の中で相対的にもっとも優れた女性であることを表わしていると考えてください.では「速決型」の実験から始めましょう.

　10枚のカードをよく切ってから裏に伏せて一列に並べてください.そして,端から順に1枚ずつめくっていただきます.1枚めは,どんなに高い点数が出ても見送りです.2枚めに1枚めより高い点数が出れば,その点数を記録して実験を打ち切ります.2枚めが1枚めより低い点数のときには3枚めをめくり,3枚めの点数がそれまでの最下位でなければ,その点数を記録して実験を打ち切るし,最下位なら4枚めに進む…….「速決型」の約束に従って実験を進めていただくと,この実験から1つのデータが記録されます.この実験に要する時間は,短ければ数秒,長くても10数秒しかかかりません.

　同じ実験を「速決型」について数十回は繰り返してください.10枚1組のカードを10組くらい用意して,畳の上にでもずらりと並べ,1人がめくり役,もう1人が記録係として作業をすると50回くらいの実験が数分で終わってしまいます.こうして,「速決型」について数十個の点数が,たとえば,5,8,7,2,……というように集められます.

　同じやり方で,「性急型」など他の4種類の作戦についても実験を繰り返してデータを集めていただきます.データの数は,5種類の作戦とも同数にするよう,おすすめします.データが集まった

ら，各作戦ごとに，点数の平均値，10点や1点の割合などを算出してください．これで，5種類の作戦の優劣を判定するためのデータが揃いました．

この実験はぜひとも各人で試してみていただきたいのですが，ここでは話の進行上，私が各作戦について50回ずつの実験をした結果を見ていただきます．表1.4がそれです．

「速決型」は，獲得した女性の平均点数が高くないし，10点の女性を得た割合も5種類の作戦の中ではいちばん低くなっています．1点の女性を掴むはめになった割合が0%なのは救いですが，決しておすすめできる作戦ではありません．「性急型」では，平均点数や10点の女性を得た割合が「速決型」よりは改善されいますが，「妥協型」と較べると見劣りするので，あまりおすすめの作戦とは言えないように思います．やはり,「せいては事を仕損じる」なのでしょうか．

表1.4のいちばん下,「優柔型」を見てください．獲得した女性の平均点数もいちばん悪いし，最高の女性を得た割合も「慎重型」

表1.4　実験結果を整理すると

作戦の種類	獲得した女性の平均点数	最高の女性を得た割合	最低の女性を掴んだ割合
速　決　型	7.0	14%	0%
性　急　型	7.8	20%	0%
妥　協　型	8.1	25%	2%
慎　重　型	7.5	34%	7%
優　柔　型	6.4	30%	11%

より低く，そのうえ，最低の女性を摑んだ割合もトップなのですから，こんな作戦を選ぶ手はありません．

残ったのは「妥協型」と「慎重型」です．平均点は「妥協型」のほうが高いのですが，最高の女性を獲得する夢は「慎重型」のほうがぐっとふくらみます．その代り，「慎重型」は最低の女性と一生を暮すリスクも7％くらいは覚悟しなければなりません．どちらを選ぶかは，各人それぞれの条件や人生観しだいです．安全を選ぶなら「妥協型」，夢を追うなら「慎重型」でしょうか．決断がつかなければ，両作戦の中間的な作戦を作って実験を追加してみるのも有効な方策です．* それにしても，思ったよりじっくり待つほうがいい結果がでるものですね．待てば海路の日和あり，でしょうか．

前節からこの節にわたって，数学的に解くのが困難な問題を，とにかくやってみることによって，一応の答を見つけてきました．このような模擬実験は**シミュレーション**(simulation)といわれます．シミュレーションについては，のちほど章を設けてやや詳しくご説明するつもりですが，実は，ここでご紹介したテーマは，**お見合の問題**とニックネームで呼ばれるシミュレーションの古典的な題材のひとつです．もっとも，外国にはお見合という習慣がないせいか，「浜辺の美女の問題」と名づけられています．夏の浜辺で水着姿の美女を物色して，どの娘に声をかけようか，というわけです．

なお，ここでは相手の女性に自分がふられることをまったく無視

---

* 「妥協型」と「慎重型」の間には，いくつもの作戦が考えられます．たとえば，1，2，3人めは見送り，4，5人めはそれまでの1位なら決め，6，7，8人めはそれまでの2位以内，9人めはそれまでの3位以内なら決める，というのはいかがでしょうか．

していました．世の中は，そんなに甘くありません．ぜひとも相手の女性にふられることを考えに入れる必要があるでしょう．しかも，ふられる確率は一定ではなく，相手の女性が美人であればあるほどふられる確率が大きくなるのが世のならいです．こうなってくると，数学的な確率計算では作業量が多くなりすぎて完全にお手あげです．

けれども，シミュレーションによれば各種の作戦の優劣を判断するのは，わけもありません．シミュレーションのための第7章でお目にかけますから，どのような結果がでるか楽しみにお待ちください．

オペレーションズ・リサーチの正体は

「お見合の問題」の思考過程を振り返ってみます．10回だけのお見合の機会を与えられるとき，どのような作戦で臨むのが得策かを調べようと思い定め，速決タイプから優柔不断タイプまで5種類の作戦を作ってみたものの，数学的に確率を計算をするのはあまりにも作業量が多すぎて非現実的なので，トランプカードを使って簡便なシミュレーションをしてみたところ，優柔不断であってはならないものの，せいては事を仕損ずるので，かなり慎重な作戦が有利であることを知りました．どの作戦を選ぶかは各人の条件や人生観しだいであるとはいえ，意思決定のために大きなヒントを与えてくれたことは，まちがいありません．

この章で使ってきた3つの例，すなわち，時間を節約するために前進基地としてのワンルームを買う問題，ビタミンBとCの必要

量をとるために多くのBを含む食品と多くのCを含む食品とを混ぜ合わせて経費を安上りに抑える問題，そして，お見合の問題，いずれの場合にも共通したパターンがありました．まず，問題が提起され，必要なデータを整理し，モデルを作り――お見合の問題では，5種類の作戦がモデルでした――最適の答を見つけ，その答を意思決定のために提供するという共通のパターンが，です．

これらのパターンには，特徴的なことが2つありました．1つは，対象とする問題が自然現象ではなく，社会現象であることです．とくにカネがからんだ問題は，もっとも社会現象くさいではありませんか．2つめは，最適な答を見つけるのに直観に頼るのではなく，努めて科学的な手法を使っていることです．このように，社会現象を対象に科学的な手法を駆使して最適の答を見出し，意思決定に奉仕しようとする手法をひとまとめにして**オペレーションズ・リサーチ**と呼んでいます．

オペレーションズ・リサーチ(紛らわしくないときはORと略記します)の定義については，たくさんの議論がなされ，いろいろな定義が提案されています．そのうちのひとつ，JISを脚注*にご紹

---

* JIS Z 8121「オペレーションズリサーチ用語」によれば，ORは運営研究と訳し，その意味はつぎのとおりとしています．
「科学的方法および用具を体系の運営方法に関する問題に適用して方策の決定者に問題の解を提供する技術．
第2次大戦中，米英の戦略，作戦，武器に関する軍の研究に理工学者，心理学者，経営学者などが参加して，問題の解決に協力したのにはじまる．
戦後は軍ばかりでなく，一般の官庁や会社においてもこの方法がとりあげられるようになった．その特色は，多方面の専門家の協力によって多面的な立場から計量的に問題の解決をはかるという点にある．」

介しておきましたから，見ていただければ幸いです．なにしろ,「はじめに言葉ありき」です．概念は言葉によって人類に共有されることが多いので，言葉による定義には大きな意義があることに疑いはありません．

ただ私は，このような定義にはあまりこだわらず，柔軟に考えてもいいのではないかと思っています．なぜなら，ORのような可能性がある技術分野では，手法がつぎつぎと開発されたり改善されたりするし，また，社会環境の変化につれてORに対する期待や要請も変わるので，ORが取り扱う範囲も取扱い方も非常に流動的だからです．というわけで，さきほども書いたように，社会現象を対象に科学的な手法を駆使して最適な答を見出し，意思決定に奉仕しようとする手法をORという，くらいの感じで把えておきたいと思います．

それにしても，この章で使ってきた3つの題材は，共通のパターンを持っているとはいえ，最適の答を導く手法としては似ても似つかぬ手順を踏んだのでした．ORという体系の中には，こんなにも異質な手法が雑居しているのかと訝しく思われたかもしれません．たしかに，ORの手法は千差万別であり，それがORの正体をわかりにくくしている原因のひとつでもあります．しかし，それにはやむを得ない事情があるのです．

ORが対象とする社会現象には，さまざまなタイプがあります．第1に，必然性をもった現象もあるし，偶然性に富む現象もあることです．だから，やっかいです．Dというマンションな__ら60分，Cなら70分の通勤時間が節約できたり，ミカン0.909kgとワカメ0.273kgをとればビタミンBとCの必要量が摂取できるという類の

なにがORなのか

現象は必然の結果ですが，これに対して，10人の女性がどのような順番で出現するかは偶然に左右されます．必然的な現象を解くには代数的あるいは幾何的な手段が使えますが，偶然に左右される現象には確率や統計の知識なしでは対抗できません．

　第2には，連続型の現象と離散型の現象とがあることです．これもORを複雑にしてしまいます．通勤時間とかビタミンの量などは連続的な量です．どんな半端な値にでもなり得るからです．これに対して女性の数や出現の順位などは，とびとびの値しか許されません．2.5人とか，6.4番めなどがあってはならないのです．このように，とびとびの値しか存在しないようなタイプを離散型というのですが，一般に離散型の問題は取扱いがちとめんどうです．

　第3には，これがORを複雑多岐にしている主犯かもしれないの

ですが，OR を使う目的が多面にわたっていることです．この章で使った例は，いくつかの案の中から費用対効果の優れたものを選ぶ問題，最適の混合割合を見つける問題，確率的な現象を相手に最適な作戦を選ぶ問題でしたが，これらは現実に OR が使われているテーマからみれば，ごくごく僅かな一部です．実際には，これから逐次ご紹介するように，いくつかの制約のもとでの配分や組合せの問題とか，確率的に需要が発生するときの在庫の問題，ビルの建設のような複雑な工程のスケジュールの問題，あるいは知恵のある敵との戦い方の問題などなど，OR が使われる目的は多方面にわたっているし，また，その形態も種々さまざまです．

したがって，社会現象の性格や目的が組み合わされて OR の対象には数えきれないくらいのタイプがあるのですが，これに加えて，最適の答を見出すための手段にもいくつかのスタイルがあるのです．その代表的なものは，図やグラフによって答を見つけるもの，数式を運算して解くもの，シミュレーションをして解決するもの，などでしょう．

こういうわけですから，OR では数えきれないくらいのタイプの問題を，それぞれに適した手段で解くことになるので，その結果として千差万別の手法が存在するのはやむを得ないことでしょう．それにしても，そのような雑多な手法を乱雑に陳列されて，これがOR ですと見せられるのですから，たまったものではありません．

OR の正体をわかりにくくしている原因は，このほかにもあります．もう半世紀以上も前のことですが

　　　　　巨人，大鵬，玉子焼き

という言葉がはやったことがありました．巨人はプロ野球の読売

ジャイアンツ，大鵬は往年の名横綱のことで，これに玉子焼きを加えた子どもの大好きな三点セットを好きな人たちは，いかにも凡庸な感覚の持ち主のようだと揶揄した言葉でした．ちょうどそのころORが日本国内に普及しはじめていて，巨人，大鵬，玉子焼きの語呂をまねて

　　　　エルピー，パート，シミュレーション

などと，OR関係者の間でささやかれたものです．「軽薄な新しがり屋のお好きなものは，LP, PERT, Simulation」というわけです．もっとも，出版やセミナーを企画する立場からは，外れる心配のない切り札として受け取られていたようですが……．

　いずれにしろ，ORといえば，LP, パート, シミュレーションですし，この本でもそれぞれに章を割り当てるつもりなのですが，ここに若干の問題があるのです．LPは，その一部をすでに8ページあたりでご紹介しましたが，線形*という形式で表わされる問題について最適の答を見出すための技術です．また，PERTはprogram evaluation and review technique の頭文字を並べたもので，矢印と○で図示された作業手順や日程のグラフを評価し，見なおしながら管理してゆく技術と言っていいでしょう．そして，シミュレーションは複雑すぎて数式による計算には適さないような場合などに模擬実験によって答を見つけるための技術です．

　LP, パート，シミュレーションは，いずれもORで多用される技術であることに違いはないのですが，問題の形式という観点からみるなら，LPは線形に限定されているのに，他の2つは形式に制

---

* 線形とは，式(1.1)〜(1.5)のような1次式だけで表わされるもの，と考えておいてください．詳しくは，第2章でご紹介する予定です．

約はありません．また，答を見出す手段という視点からみると，ある形のLP問題には数式の運算で必ず解けるという嬉しい特長があるのですが，12ページあたりの例のようにグラフで答が見つかることもあるし，また，シミュレーションも使えないわけではありません．さらに，パートが使われるのは主にスケジュールの管理なのですが，混合問題などと並んでスケジュール問題もLPの応用例のひとつです．

このように，LP，パート，シミュレーションは，哺乳類，爬虫類，鳥類というような対等な分類ではなく，哺乳類，草食動物，高等動物みたいに，視点から異なったり混ざり合ったりしているのです．それにもかかわらず，参考書やセミナーなどで，LP，パート，シミュレーションがORの3本柱として取り扱われることが多いのも，ORの正体を理解しにくくしている犯人の1つだと私は思っています．

ORには千差万別の手法があり，かつ，手法どうしが独立ではなく混ざり合っている……このような手法を乱雑に陳列されて，これがORですと紹介されるのでは，ORの正体など，わかるはずがありません．なんとかORの全容が見晴らせるような展望台はないものでしょうか．いろいろと考えて，不満足ではありますが，大胆不敵にもORの全容を図示しようと試みたのが図1.6です．この図の中には，まだご紹介したことのない単語がたくさん混ざっていますから，ここでは，とりあえず図を眺めるだけにしておいてください．この本の最後に，もう一度図1.6を振り返って，ORとはなんであったのかと反すうしてみたいと思いますので……．

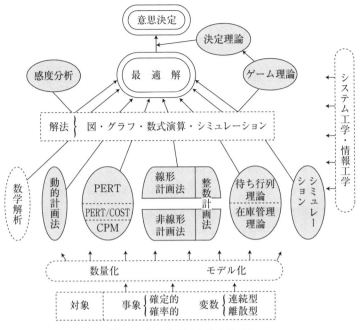

図1.6　意思決定に奉仕するOR

オペレーションズ・リサーチを弁護する

ORは，とにかく有用です．お見合作戦の場合でも，たった数十分の作業で，思ったよりじっくり待つ作戦のほうが結果がいいことを知りましたが，一生の幸福からみればこれはきわめて貴重な情報ではありませんか．

これだけ有用なORなのに，いまひとつ評判が芳しくないのです．曰く，数学の運算がむずかしくて使えない，また曰く，社会現象は多くのことが複雑にからみあっているので簡単な数式や図で表

わせるものではない，さらに追い打ちをかけて曰く，OR の結論が信用できない，あるいは役に立たない，などなどです．

　くやしいけれど，こういう一面があることは事実です．けれども，OR に対する悪評のほとんどは，OR のせいではなく，OR の使い方に罪があるように私は思います．少し言いわけがましいかもしれませんが，聞いてください．

　数学がむずかしすぎて OR が使えないというご意見……，これは OR を普及させる側に責任がありそうです．OR の参考書や論文にむずかしい数学が使われている理由には，単なる不親切ばかりではなく，難解な数学で恰好をつけたり権威ありげに見せたりという気配も伺えるところが残念ですが，それよりも，25 ページの脚注にご紹介した OR の定義からもにおうように，OR は官庁や大企業で使われることが多く，そこには数学の専門家もいるだろうから，むずかしい数学を使ってもだいじょうぶということかもしれません．それにしても，数学的な厳密さにこだわるあまり，OR 全体の雰囲気や OR の精神をうまく伝えなかったり，OR を利用することを諦めさせてしまうようでは困りものです．

　そのうえ，これは私の意見ですが，OR は官庁や大企業ばかりではなく，個人商店や私生活レベルでも使える手法が多いのですから，おおいに活用してほしいと思います．そのためには，むずかしい数学や専用のソフトウェアのお世話にならない OR がもっともっと普及してもらいたいのです．

　つぎは，社会現象は複雑怪奇で簡単な数式モデルや図式モデルで表わせるものではないとのご指摘に対する言いわけです．確かに社会現象は複雑です．しかし，複雑なのは社会現象に限ったことでは

ありません．自然現象も負けずに複雑なのです．

たとえば，水平と 45°の方向へなにがしかの速度で投げた球はなん秒後になんm離れたところに落ちるか，という物理や数学の代表的な問題を見てください．現実に投げられた球は，空気の抵抗も受けるし，球の回転によって軌跡も曲がるし，それに，厳密に言えば重力だって球の高さによって異なりますから，とても簡単な数式モデルによって表わせるものではありません．それにもかかわらず，空気の抵抗や重力の不均一などを無視して数式を立てているではありませんか．

社会現象でも同じことです．現象の主要な因子だけを大胆に選んで数式モデルを作っても実用になる精度の答を得られることも多いのですから，社会現象は複雑すぎて単純な数式モデルでは表わせないと逃げてしまう手はありません．もちろん，なにが主要な因子であるかを見破る眼力が必要なことは言うに及ばないでしょう．

ちょっとした挿話を聞いていただきます．第2次大戦中にアメリカの陸軍は世界各地で奮戦している将軍たちを，ある期間中に消費した弾薬の量で評価したという話があります．弾薬の消費量が多ければ激戦の地で果敢に戦ったにちがいなく，それに，弾薬の輸送や配分なども適切に行なわれたはずであり，それは将軍の高い指揮能力を立証するものだというのです．ずいぶん思いきった因子の選び方ですが，主要な因子を絞りきれなくて悩んだときに思い出していただければ幸いです．

さらに，ORの結論が信用できない，あるいは役に立たないというご批判……，これは重大です．ORの結論が信用できなかったり役に立たなかったりしては，ORの存在そのものが否定されてしま

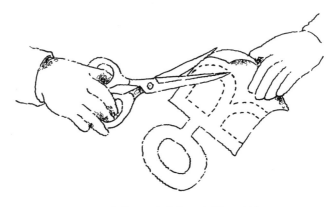

ORとはさみは使いよう

うではありませんか.

　ORの論議が不信を招くにいたる原因には,いろいろなものがありそうです.いちばんの悪党は不適切な問題の把握です.恐れ入りますが,この章で使った2番めの例——ビタミンB_1,B_2とCの必要量をとるためにミカンとワカメを混ぜ合わせる問題を思い出してください.もっとも安上りなミカンとワカメの混合比が数学的には見事に求まりましたが,その答には釈然としないものが残ってしまったのです.

　それもそのはず,私たちの生活では毎日いろいろな食品を食べています.それらの中にはビタミンB_1,B_2やCが含まれているものも少なくありません.それにもかかわらず,ミカンとワカメだけでこれらのビタミンをとろうとしたところに浮世ばなれした問題の設定があったのです.すなわち,数学の問題としては成立するけれ

ど，現実の社会現象を対象とする OR の問題としてはナンセンスでありました．深く反省しています．もしもテーマが，家畜や養殖魚に必要な栄養を与えるため，もっとも安上りな飼料の混合割合を求めることであったら，同じ手法を使った OR の結論はりっぱに役立ったにちがいないのです．つまり，ミカンとワカメの混合問題は OR の手法が悪いのではなく，問題の本質をろくに見抜きもしないで OR の手法だけをいたずらに使ったほうが悪かったことは明らかです．

　ミカンとワカメの例題では，問題の把握のしかたが浮世ばなれしていることが素人目にも明らかでしたから，このような OR の使い方がされることは，まずないでしょう．ところが，あまりに複雑すぎて問題の本質を見抜きにくいような社会現象を相手に OR を使うとき，問題の把握が不適切であるために OR の結論が釈然としなかったり，役に立たなかったりすることが決して少なくはありません．

　少し脱線を許していただきます．算術に「つるかめ算」というのがあります．ツルとカメがいて，頭が 5 つ，足が 14 本ある，ツルはなん羽，カメはなん匹か，というやつです．この問題を聞いたある小学生は，頭を見ただけでツルとカメの数がわかるじゃない，と叫んでいました．つるかめ算は数学の問題としては完璧かもしれませんが，実生活の問題としてはナンセンスでしょう．OR は実生活の問題解決に役立たなければ，数学的にいくら完璧であっても無意味な存在だと私は思っています．

　OR の結論が不信を招いたり役に立たなかったりする原因は，このほかにもたくさんあります．モデルの作り方が悪ければ，すなわ

ち，対象とする社会現象を図やグラフ，あるいは数式などでモデル化したり，シミュレーションのためのモデルを作ったりした後，最適の解を求める操作に移るのですが，そのモデルが適切に社会現象を模擬していなければ，いくら高級な操作をしても正しい答が出るわけがありません．

また，「最適の解」などと簡単に言うけれど，なにが「最適」なのかは，ときとして非常にむずかしい問題です．この章の例で言うならば，前進基地としてマンションを購入する例題では費用対効果を「片道1分を節約するための値段」などで表わして，それがもっとも有利な値になる答を最適の解としていました．そしてミカンとワカメの混合問題では費用がもっとも安くなる混合のしかたを最適の解としたのでした．いずれの場合もケチをつけようと思えばつけられるけれど，一応は合点のいく最適の解でしょう．

ところが，お見合の問題では，どうだったでしょうか．22ページの表1.4を見ていただくと，獲得した女性の平均点数がいちばんいいのは「妥協型」，最高の女性を得た割合がもっとも高いのは「慎重型」，最低の女性を摑んだ割合がいちばん少ないのは「速決型」と「性急型」です．どこに重点を置くかによって最適の解が異なってしまうではありませんか．その結果，選択は人生観の問題などと，逃げざるを得なかったのでした．

なにを基準に最適さを判断するかというものさしを**評価尺度**といいますが，なにを評価尺度に選ぶかによって最適の答が変わるくらいですから，評価尺度が不適当なためにORの結果が不信を招いたり，使いものにならなかったりするのは当然のことです．

それからまた，こんな場合もORの結論に従うとひどい目に合う

ことがあります．図1.7を見てください．横軸は通勤時間とか慎重さの度合いのように変化させ得る値で，縦軸は正しい評価尺度で測った点数だと思っていただきます．この場合，い

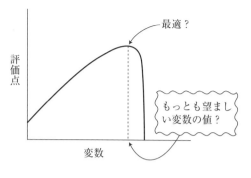

図1.7 感度に注意

ちばん評価点が高くなるような変数の値を最適とみなすのが単純明快な判断のように思えますが，現実の社会現象を相手にORをするとき，ほんとうにそれが最適なのでしょうか．

社会現象には誤差がつきものです．図1.7を見ていただくと，評価点が最高になるように変数の値を決めた場合，誤差によって変数が少しだけ左側にずれても評価点はほとんど低下しませんが，変数が右のほうへずれると一大事です．たちまち評価点が急降下し，惨めな結果になってしまいます．それなら右側に多少の余裕をとって，評価点が最大になる位置よりも少し左寄りの変数を選ぶほうが良策というものでしょう．値上がりした株式を最高値で売ろうとして暴落にあうより，腹八分で売るほうが安全であるように，です．

図1.7のような傾向があるとき，変数のマイナス方向には**感度**が弱(鈍)く，プラス方向には感度が強(鋭)いなどといい，感度の強弱を調べることを**感度分析**と呼んでいます．ORをするときに感度分析を怠ったあげくに，社会現象につきものの変動誤差のために泣きを見て，それをORの責任に転嫁するのではORがあまりにもかわ

いそうです．また，一般に経営や組織のトップがORの結果の報告を受けるときには，感度分析の内容などは省略されることが少なくありません．そして，条件がちょっと変わると最適解が大きく変化することを知らないまま判断を下して泣きを見て，ORの結果は信用できないと思い込んでしまうことが多いのです．えらくなって，ORの結果だけを報告されるようになったら，ご用心めされよ．

ORに対するご批判に対して，まだまだORを弁護したいことは山ほどあります．けれども，ORに対する悪評のほとんどはORのせいではなく，ORの使い方に罪があるのですから，ORを使うときの心得のようなものを列記して，この章を終わりたいと思います．

(1) まず，問題の本質をじっくりと見抜き，ORを使う目的を決め，関連する主要な因子を厳選し，適正な評価尺度を定める．

(2) なるべく単純にモデル化する．

(3) モデルに基づいて科学的に最適解を見つける．その際，感度分析を忘れずに(この段階で各種のOR手法が使われます)．

(4) 意思決定者に(1)～(3)の要点を説明できるようにする．(1)～(3)の手順によって生ずるORの限界をも説明できれば百点．

2. 線形計画法(その1)
—— 混ぜ合わせと割り当てのテクニック ——

混合問題の口なおし

　前の章で，OR入門として3つの例題を使いました．費用対効果を尺度にしてワンルームマンションを選ぶ例と，ミカンとワカメを混ぜ合わせてもっとも安上りにビタミンを摂取する例と，そして，数種のお見合い作戦の優劣をシミュレーションによって比較する例とがそれでした．

　このうち，ミカンとワカメの混合問題は数学の例題としては成立するものの，現実の社会現象を対象とするORの例題としてはふさわしくないと，きびしく自己批判をしたのでした．あの例題は現実から離反していてナンセンスであることを承知のうえで反面教師として登場させたのですが，どうもあと味が悪くてかないません．口なおしに同じタイプの**混合問題**をやりなおしておこうと思います．

　表2.1がこんどの例題です．ある動物—スッポンもどきとでもしましょうか—の養殖のために，松という銘柄の飼料と竹という飼料

表 2.1 問題の設定(その 1)

栄 養 素	松	竹	必 要 量
炭 水 化 物	5	4	8
たんぱく質	5	1	4
脂　　　肪	1	2	2
単　　　価	10	5	

とを混ぜ合わせ,スッポンもどきの急速な成長に必要な栄養の3大要素,炭水化物とたんぱく質と脂肪とを,できるだけ安上りに与えようというわけです.

それぞれの飼料の単位量に含まれる栄養素は表の中央部分の6つの値,スッポンもどきの急速な成長に必要な栄養素の必要量は表の右欄の3つの値,また,飼料松と竹の単価は下欄の2つの値です.こんどは,スッポンもどきや松と竹の銘柄も架空のものですし,データの単位も隠してあるので,現実に違反する心配がなく,養殖や栄養の知識がまったくない私としても絶対安心です.OR手法の練習問題のひとつとして付き合ってください.

解き方は第1章の例と同じですから,つまらないくらい簡単です.淡々と解いてゆきましょう

$$松 を x, 竹 を y$$

だけ混ぜ合わせることとします.制約条件は

$$x \geq 0, \ y \geq 0 \tag{2.1}$$

$$5x + 4y \geq 8 \tag{2.2}$$

$$5x + y \geq 4 \tag{2.3}$$

$$x + 2y \geq 2 \tag{2.4}$$

です.そして,これらの条件のもとで

$$z = 10x + 5y \tag{2.5}$$

がもっとも小さくなるようにxとyとを決めればいいはずです．このようなとき，zを**目的関数**ということを付記して先へ進みます．

9ページあたりと同様に，これらの条件などを図に描きながら検討を進めていきます．図2.1を見てください．式(2.1)の制限は縦軸より右で横軸より上，つまり第1象限を指定しています．そして，式(2.2)は図中に(2.2)と記入した直線より右上方，式(2.3)は(2.3)と記入した直線より右上方，式(2.4)は(2.4)と書かれた直線より右上方の範囲であることを要求しています．

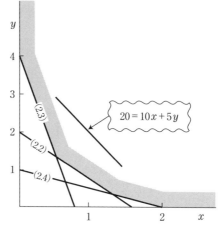

図2.1　許容領域と目的関数の傾き

これらを総合すると，図中に薄ずみで縁どりした許容領域の中から式(2.5)のzがもっとも小さくなるような点を見つけなければなりません．そこで，松と竹を混ぜ合わせた飼料の価格

$$z = 10x + 5y \qquad (2.5)と同じ$$

においてzを20としたときの直線を図に描き入れてみます．この直線は左下方へ平行移動するにつれてzの値が小さくなるのでした．ということは，この直線が左下方へ移動して(2.2)の直線と(2.3)の直線との交点に重なったときに，その交点の位置がもっとも安上りな松と竹の混ぜぐあいを表わしているにちがいありませ

ん．交点の座標は

$$5x + 4y = 8 \qquad (2.2)の一部$$
$$5x + y = 4 \qquad (2.3)の一部$$

を連立して解けば求まり

$$x = 8/15 \fallingdotseq 0.533 \qquad (2.6)$$
$$y = 4/3 \fallingdotseq 1.33 \qquad (2.7)$$

となるはずです．すなわち，飼料「松」を0.533,「竹」を1.33ずつ混ぜ合わせてスッポンもどきに与えれば，もっとも安上りにスッポンもどきを急成長させることができる，となりました．そして，そのとき松と竹の混合飼料のお値段は

$$z \fallingdotseq 10 \times 0.533 + 5 \times 1.33 \fallingdotseq 12 \qquad (2.8)$$

という次第です．

　この例題は，これで終わります．実は，いくつかの食品を混ぜ合わせて安上りに必要な栄養を摂取する問題は**主婦の問題**というニックネームで呼ばれることもあり，実際に家庭の献立の研究に使われたこともあるそうです．それにしても，この節のテーマは前章の二番煎じで申しわけありませんでした．お詫びのしるしに，ちょっとした事実を紹介させていただきます．

　いまの例では，松の単価が10，竹では5でしたから，混ぜ合わせた飼料の価格は式(2.5)で表されましたが，かりに，松の単価が6，竹の単価が8だったとしたら，どうでしょうか．混合飼料の価格は

$$z = 6x + 8y \qquad (2.9)$$

となるはずです．図2.2を見てください．図2.1から薄ずみで縁どりした範囲を描き写すと同時に，式(2.9)のzを24としたときの直

線を描き込んであります.

この直線を下方へ平行に移動し,この直線と縁どりした図形とが最後の一点を共有するとき,その一点がもっとも安上りな最適解を教えてくれるはずであり,この節の例題では,それはA点でした.ところが,図2.2

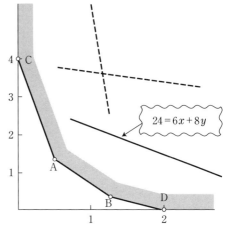

図2.2 目的関数の傾きが変わると

で直線を下方へ平行に移動してゆくと,直線がA点に重なるときには直線のたくさんの部分が縁どりした図形の中に残っているので,A点は最後の一点ではありません.さらに直線を下方へ平行移動し,直線がB点と重なったとき,ここが最適解を表わす最後の一点となります.

さらに,図2.2の中には交差する2本の直線が点線で遠慮がちに記入してありますが,このうち横に寝ている直線は

$$z = 5x + 20y \tag{2.10}$$

としたときの直線の傾きを表わしています.そうすると,zがこのように与えられたときには,最適解はD点となるにちがいありません.また,交差する点線のうち上下に走っている直線は,

$$z = 20x + 2y \tag{2.11}$$

としたときの傾きを表わしていて,この場合はC点が最適解とな

るでしょう．

すなわち，線形計画法では，種々の制約条件を満たす領域がいくつかの角を持った図形で示され，そのうちの1つの角が最適解を教えてくれます．どの角が最適解であるかを知るために，私たちは図を描きながらそれを判別してきましたが，のちほど，数式を機械的に運算することによって最適の角を見つける方法をご紹介する予定です．

なお，直線の傾きがたまたま図形の1辺の傾きと一致することもありますが，その場合はその1辺上のすべてのxとyの組合わせが最適解になることはもちろんです．

割り当てのテクニック

前節は，線形計画法のうち混合問題と通称されるタイプの例題でした．この節は，**割当問題**または**配分問題**と呼ばれるタイプです．

こんどもわたしの栄養学についての無智がばれないよう，そして，実際に養殖をしておられる方々からお叱りを受けないよう，まったく架空の例題を使います．表2.2がデータです．スッポンもどきとウナギもどきに炭水化物，たんぱく質，脂肪をうまく割り当てて収益を最大にしようと欲張っていると思っていただきます．スッポンもどきの単位量を育てるには，炭水化物が5，たんぱく質が5，脂肪が1だけ必要ですが，10の単価で売ることができます．ウナギもどきのほうは，それぞれ4，1，2の栄養素ですみますが，単価は5です．そして，やっかいなことに，炭水化物は5，たんぱく質は4，脂肪は2しか手持ちがなく，これ以上の入荷の可能性は

2. 線形計画法(その1)

表 2.2 問題の設定(その2)

栄 養 素	スッポンもどき	ウナギもどき	制 限 量
炭 水 化 物	5	4	5
たんぱく質	5	1	4
脂　　　肪	1	2	2
単　　　価	10	5	

ありません.

　手持ちのすべてをスッポンもどきに投資すると，たんぱく質の制限量が効いて0.8単位のスッポンもどきしか収穫できず，炭水化物が少々と脂肪がたくさん余ってしまいます．それではというので，手持ちのすべてをウナギもどきに投入すると，脂肪の制限量のためにウナギもどきは1単位しか商品とならず，たんぱく質がどっさりと炭水化物が少し余ってしまうのです．さあ，手持ちの資源をスッポンもどきとウナギもどきにどのように配分したら，収益が最大になるでしょうか．

　この表は前節40ページの表2.1と1カ所を除いてまったく同じなのですが，それはさておき，問題の解決にとりかかります．

　　　　スッポンもどき　を　x
　　　　ウナギもどき　　を　y

だけ養殖することにしましょう．もちろん，xもyもマイナスの値になることはあり得ませんから

$$x \geq 0, \ y \geq 0 \tag{2.12}$$

です．スッポンもどきをxだけ育てるには炭水化物が$5x$必要ですし，また，ウナギもどきをyだけ育てるには$4y$の炭水化物が要るのに，炭水化物は5しか使えないので

$$5x + 4y \leq 5 \tag{2.13}$$

でなければなりません．ここで，不等号が前節のときと逆の方向を向いていることにご注意ください．同じように，たんぱく質と脂肪に注目すると

$$5x + y \leq 4 \tag{2.14}$$
$$x + 2y \leq 2 \tag{2.15}$$

が制約条件となります．そして，これらの条件に従いながら目的関数

$$z = 10x + 5y \tag{2.16}$$

がもっとも大̇き̇く̇なるようにxとyとを決めれば問題解決です．

では，前節と同じように図の助けを借りながらzがもっとも大きくなるようなxとyを求めましょう．私たちを助けてくれるのは

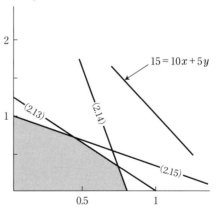

図2.3 こんどは許容領域が下方へ

図2.3です. 式(2.13), (2.14), (2.15)の制限を表わす3本の直線とx軸, y軸に囲まれた5角形に薄ずみを塗ってあります. この範囲だけが式(2.12)から(2.15)までのすべての条件を満たす許容領域です. なぜなら, 10行ほど前に注意を喚起したように, 前節の混合問題とは制約条件の不等号が逆向きなので, 3本の直線より左下側が許される範囲だからです.

さて, 前節の最後のほうに書いたように, この5角形が持つ5つの頂点のどれかが最適解であるはずですが, それはどれでしょうか. スッポンもどきとウナギもどきの総売上額

$$z = 10x + 5y \tag{2.16}$$

と同じで表わされる直線の傾きを知るために, zを15としたときの直線を図に描き入れてみました. 15に特別な意味があるわけではなく, 前節と同じく20とすると, 図の右上方へ遠ざかってしまい, 余計な紙面を喰うからにすぎません.

図に描き込まれたこの直線はzを小さくするにつれて左下方へ平行移動しますから, この傾きを持った直線が私たちの5角形の頂点に接するのは, 式(2.13)と(2.14)の交点および座標の原点の2カ所であることが, 図2.3から明らかです. この2カ所を較べれば, 式(2.13)と(2.14)の交点のほうが右上にあり, したがってzが大きいはずですから, zをもっとも大きくしたい私たちとしては, この交点を選ぶことは当然です. その交点は

$$5x + 4y = 5 \qquad \text{(2.13)の一部}$$
$$5x + y = 4 \qquad \text{(2.14)の一部}$$

を連立して解けば求められ

$$x = 11/15 \fallingdotseq 0.733 \tag{2.17}$$

$$y = 1/3 \fallingdotseq 0.333 \tag{2.18}$$

となります.そのとき,スッポンもどきとウナギもどきの総売り上げは

$$z = 10 \times 0.733 + 5 \times 0.333 \fallingdotseq 9.0 \tag{2.19}$$

であり,これが手持ちの栄養素を使って得られる最大の売上げ額です.

ところで,スッポンもどきを 11/15 単位,ウナギもどきを 1/3 単位だけ育て上げたとき,手持ちの栄養素をどれくらい使いきっているかを点検してみましょうか.スッポンもどきを 1 単位だけ育て上げるのに炭水化物は 5 を必要とするところ,11/15 単位のスッポンもどきを育てたというのですから,使われた炭水化物の量は

$$5 \times 11/15 \fallingdotseq 3.67 \tag{2.20}$$

のはずです.同じように他の栄養素についても計算してみたのが表 2.3 です.見てください.炭水化物とたんぱく質については制限量までめいっぱい使いきっているではありませんか.これに対して,脂肪はいくらか使い残しているのがわかります.

考えてみると,これは当たり前のことなのです.もういちど 46

表 2.3 割り当てを吟味してみれば

栄養素	スッポンもどきに使った量	ウナギもどきに使った量	計	制限量
炭水化物	$5 \times \dfrac{11}{15} \fallingdotseq 3.67$	$4 \times \dfrac{1}{3} \fallingdotseq 1.33$	5.00	5
たんぱく質	$5 \times \dfrac{11}{15} \fallingdotseq 3.67$	$1 \times \dfrac{1}{3} \fallingdotseq 0.33$	4.00	4
脂肪	$1 \times \dfrac{11}{15} \fallingdotseq 0.73$	$2 \times \dfrac{1}{3} \fallingdotseq 0.67$	1.40	2

ページの図 2.3 を見ていただくと,私たちにとって式(2.13)と(2.14)との交点が最適解なのでした.式(2.13)は炭水化物による制限の式,式(2.14)はたんぱく質による制限の式でしたから,私たちは最適解を炭水化物の制限とたんぱく質の制限をぎりぎりに満たす値に見出していたことになります.*

ちょっと教訓じみたことを書かせていただきます.OR は数学パズルではありません.あくまでも社会現象の解明です.したがって,グラフを描く時でも数式を運算するときでも,常にそれが現象的になにを意味しているかを考えていただきたいのです.

ところで,前の節の混合問題とこの節の割当問題の形を較べてみましょう.両方に共通な

$$x \geqq 0, \quad y \geqq 0 \qquad (2.1),(2.12) と同じ$$

は,いろいろな量がマイナスにはなり得ないという,いかにも社会現象らしい特徴を表わしています.それはさておき,その他の制約や目的関数に対する要求にそれぞれの特徴があります.まず,混合問題では

$$\begin{cases} 5x + 4y \geqq 8 & (2.2)と同じ \\ 5x + y \geqq 4 & (2.3)と同じ \\ x + 2y \geqq 2 & (2.4)と同じ \end{cases}$$

の制約のもとに

---

* 前節の混合問題についても,松を 8/15,竹を 3/4 ずつ使ったとき,スッポンもどきがどれだけの栄養素を与えられたかを計算してみていただけませんか.炭水化物とたんぱく質については必要量をぎりぎり満たしていて,そのために,やむを得ず脂肪のとりすぎになっていることがわかります.そして,これはまた,図 2.1 で,炭水化物のための式(2.2)の直線とたんぱく質のための式(2.3)の交点が最適解となっていることと符合しています.

$$z = 10x + 5y \qquad (2.5)と同じ$$

を最小にするのでした．これに対して割当問題では

$$\begin{cases} 5x + 4y \leqq 5 & (2.13)と同じ \\ 5x + y \leqq 4 & (2.14)と同じ \\ x + 2y \leqq 2 & (2.15)と同じ \end{cases}$$

の制約のもとで

$$z = 10x + 5y \qquad (2.5)と同じ$$

を最大にするのです．混合問題と割合問題では，制約条件の不等号が逆向きで，目的関数を最小にするのと最大にするのとが決定的な相違点です．問題の形式が酷似しているのに左右が反対で，実像と写像みたいな関係にあるところが可笑しいではありませんか．

変数がふえたら

この章でご紹介してきた混合問題と割当問題は，いずれも変数が2つでした．混合問題では飼料の松を x，竹を y としましたし，また，割当問題ではスッポンもどきを養殖する量を x，ウナギもどきのほうを y とおいたのでした．では，もし変数が3つにふえたらどうなるでしょうか．たとえば，表 2.4 のように栄養素の割り当て

表 2.4　問題の設定(その3)

栄養素	スッポンもどき	ウナギもどき	コイもどき	制限量
炭水化物	5	4	2	5
たんぱく質	5	1	3	4
脂肪	1	2	1	2
単価	10	5	8	

先が3種類あると,変数が3つにふえるのですが,前節と同じやり方で最適解を求めようとすると,どのような仕儀になるのでしょうか.

スッポンもどき　を　x_1
ウナギもどき　　を　x_2
コイもどき　　　を　x_3

とおきます.x,y,zとするとzが目的関数とだぶってしまい,困るからです.

制約条件は

$$x_1 \geq 0,\ x_2 \geq 0,\ x_3 \geq 0 \tag{2.21}$$

$$5x_1 + 4x_2 + 2x_3 \leq 5 \tag{2.22}$$

$$5x_1 + x_2 + 3x_3 \leq 4 \tag{2.23}$$

$$x_1 + 2x_2 + x_3 \leq 2 \tag{2.24}$$

であり,この条件のもとで

$$z = 10x_1 + 5x_2 + 8x_3 \tag{2.25}$$

が最大になるようにx_1,x_2,x_3を決めなければなりません.

まず,前節にならって許容領域を図示しようと思うのですが,これがなかなかやっかいです.前節までは変数が2つでしたからx〜y平面に図示できたのですが,こんどは変数が3つなので,x_1〜x_2〜x_3空間に図示する仕儀となります.ただし,いくら仕儀とあい成ったとしても立体空間をこの本の中に持ち込むのは不可能ですから,x_1軸とx_2軸とx_3軸とをイラスト風に図示することにしましょう.

図2.4を見てください.いちばん上の①は,イラスト風に描いた立体座標の中に式(2.22)の平面を書き入れたところです.正確にい

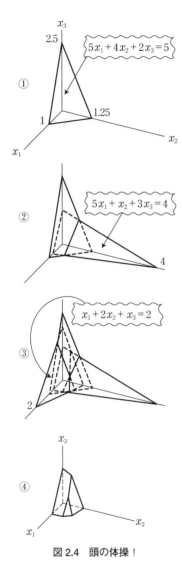

図 2.4 頭の体操！

うと，式(2.22)のうち＝で表される平面を書き入れたところです．x_1 も x_2 も x_3 もマイナスの値にはならないという式(2.21)が与えられているため，3軸ともプラスの範囲だけを図示すればいいので助かります．この図を描くのはわけもありません．3つの変数についての1次式は立体座標の中では平面にあることがわかっていますし，その平面が，例えば x_1 軸を横切る位置は式(2.22)で $x_2 = x_3 = 0$ とすれば求められるからです．

つぎに，①に式(2.23)の平面を加えると②ができます．2つの平面が交差して，それぞれの一部は陰に隠れて見えなくなってしまいますが，その部分は点線で描いておきました．

つづいて，②に式(2.24)の平面を追加してください．だんだんむずかしくなってきましたが，二日酔いの頭を水で冷やし，3まいの平面が互いに交差する有様を必死

に想像すると，③のようになることが理解できるでしょう．

さて，ここからがたいへんです．③には3まいの平面が描かれていますが，式(2.22)〜(2.24)は両辺が≦で結ばれていますから，私たちの許容領域は，これら3まいの平面で切りとられた内側の空間です．それは，どのような形をしているのでしょうか．③をじっくりと眺めて，その形を脳裏に描いていただきたいのですが，こんどは二日酔いの頭では無理な程度の難問です．正直な話，私も頭が混乱してきたので，だいこんを持ち出し，包丁で立方体を作り，3つの平面で切りとられる部分を削ぎ落しながら考えてみました．その結果，立体座標の中に3まいの平面でとじ込められた許容領域は，④のような姿をしていることが確認できました．

つぎの作業に進みます．④には座標の原点を除いても7つの角があります．43ページあたりに書いたように，そのうちの1つが最適解を教えてくれるはずなので，それを見つけなければなりません．そこで，目的関数zを表わす平面群の傾きを知るために

$$10x_1 + 5x_2 + 8x_3 = 20 \tag{2.26}$$

とおいた平面を立体座標に描き込んでみると図2.5となります．さあ，この平面を原点のほうに向かって平行に移動してゆくと，いちばんはじめに，許容領域のどの角にぶつかるでしょうか．そこが最適解を教えてくれる点であるはずですが，最初にぶつかる角はAのようにも見えますしBのようにも思えて，どうもはっきりとしません．変数が2つのときのように，平面座標軸状の図形なら直線を平行移動させて最初にぶつかる角を識別するのは造作もないのに，イラストでしか描けない立体座標では，ここが泣きどころです．仕方がありませんから，A点とB点におけるzの値をもろに

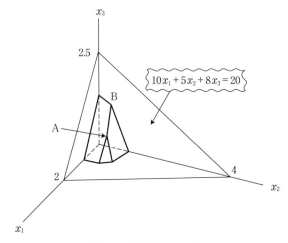

図 2.5　接点は A か B か

計算して，比較することにしましょう．

まず A 点は，図 2.4 ③に立ち戻って観察すると，3 つの平面の交点ですから

$$\begin{cases} 5x_1 + 4x_2 + 2x_3 = 5 & \text{(2.22)の一部} \\ 5x_1 + x_2 + 3x_3 = 4 & \text{(2.23)の一部} \\ x_1 + 2x_2 + x_3 = 2 & \text{(2.24)の一部} \end{cases}$$

を連立させて解けば求められ

$$x_1 = \frac{1}{3}, \ x_2 = \frac{8}{15}, \ x_3 = \frac{3}{5} \tag{2.27}$$

となります．これらを，目的関数の式(2.25)に代入すると

$$z = 10 \times \frac{1}{3} + 5 \times \frac{8}{15} + 8 \times \frac{3}{5} = 10.8 \tag{2.28}$$

が得られ，これが A 点での総売上げ高を示しています．

いっぽう，B点のほうは，$x_2 \sim x_3$ 平面上にある式(2.23)と(2.24)の交点ですから，この両式の x_1 を 0 とおいて

$$\begin{cases} x_2 + 3x_3 = 4 \\ 2x_2 + x_3 = 2 \end{cases} \quad (2.29)$$

を連立して解き

$$x_1 = 0, \ x_2 = \frac{2}{5}, \ x_3 = \frac{6}{5} \quad (2.30)$$

となります．したがって，B点における z は

$$z = 5 \times \frac{2}{5} + 8 \times \frac{6}{5} = 11.6 \quad (2.31)$$

であり，A点を上回っていることがわかります．こうして，x_1, x_2, x_3 が式(2.30)のとき，つまり，スッポンもどきは諦め，ウナギもどきを 2/5 単位，コイもどきを 6/5 単位だけ養殖すれば売上げは最大となり，そのときの売上げは 11.6 ということが判明いたしました．

LPの秘術，シンプレックス法

前節では，変数が3つで制約条件も3つの場合について，四苦八苦しながらも最適解を見つけることに成功しました．では，制約条件がもうひとつふえて4つになったら，どうなるでしょうか．たとえば，50ページの表2.4の栄養素に無機質かなにかが追加されたらと考えてみるのです．

最適解を追究する物語は，前節と同じように，3次元の空間の中で展開するでしょう．ただし，制約条件を表わす平面が1まいふえ

て4まいになるぶんだけ話が複雑です．イラストを描くのも難しくなるし，許容領域の形を把握するのはだいこんのお世話になったとしても容易ではなく，さらに，目的関数 z の平面群が最初にぶつかる角を特定するのに難渋するにちがいありません．

　さらに進んで，変数が4つになったら，どうでしょうか．こんどは4次元空間の中で最適解を追究しなければなりませんが，3次元空間に住む人類にとって，4次元空間の物語は想像を絶するものがあります．変数が2つで2次元空間，つまり平面上で物語が進行するなら，許容領域の角は2本の直線の交点でしたし，3次元空間では許容領域の角が3まいの平面の交点で表されるのでしたから，4次元空間の場合には，4つの立体の交点が許容領域の角になるに違いないと思うのですが，はて，4つの立体の交点とはなんでしょうか．見当もつかないではありませんか．ギブ・アップです．

　変数が4つ以上の場合，最適解のありかを図形的に追究するのはギブ・アップですが，しかし，数学的になら4次元以上の連立方程式でも平気で——あまり平気でもないけれど——取り扱うことができますから，多次元空間の中に切り取られた許容領域の角を数学的に求め，その中から目的関数が最大または最小になるような最適解を選ぶことは，理論的には可能です．

　しかし，それには，ぼう大な手数がかかります．なにしろ，制約条件どうしが交差するあらゆる組合せについて多元の連立方程式を解いたり，その結果が許容領域の輪郭の一部であるかどうかを点検したりしなけばなりませんから，変数や制約条件がふえるにつれて作業量は天文学的な値になります．数学的には可能であっても，実用性が必要な OR の立場から言えば，こういう方法で最適解を見出

すことは不可能と断定せざるを得ないのです．

けれども，不可能と断定しっぱなしでは，実用性を重視する OR の立場がありません．ぜひとも難局を打開しなければならないのですが，ここで，とっておきの秘術をご紹介できるので，うきうきしてしまうのです．秘術の名は**シンプレックス法**(simplex method, 単体法)といいます．

ここで，まことに申しわけないのですが，この章で扱ってきた3つの例題の制約条件や目的関数の式を一般的な形で書かせていただきます．まず，変数がn個あるとして，$x_1, x_2, \ldots, x_n$で表わしますが，これらはすべてマイナスの値になってはなりません．つまり，

$$x_1 \geq 0, \ x_2 \geq 0, \ \ldots, \ x_n \geq 0 \tag{2.32}$$

です．つぎに制約条件は

$$\left.\begin{array}{l} a_{11}x_1 + a_{12}x_2 + \cdots + a_{1n}x_n \leq b_1 \\ a_{21}x_1 + a_{22}x_2 + \cdots + a_{2n}x_n \leq b_2 \\ \cdots\cdots\cdots\cdots\cdots\cdots\cdots\cdots\cdots \\ a_{m1}x_1 + a_{m2}x_2 + \cdots + a_{mn}x_n \leq b_m \end{array}\right\} \tag{2.33}$$

（n個の項がある，m個の式がある）

であり，この制約条件のもとで目的関数

$$z = c_1x_1 + c_2x_2 + \cdots c_nx_n \tag{2.34}$$

を最大（または最小）にしたい，というのが私たちが解いてきた例題に共通のテーマでした．

なお，混合問題の制約条件の式(2.2)～(2.4)では不等号が逆向きでした．しかし，不等式は両辺に-1をかければ不等号が反対を向きますから，式(2.33)は混合問題も割合問題も含めた一般的表現の

式であることに変わりはありません．また，変数の個数 n と制約条件の数 m とは，一般の連立方程式の場合とは異なり，必ずしも同じである必要はありません．

式(2.32)のような式は目がちらついて健康によくないのですが，がまんをして眺めてください．x_1 から x_n までの変数はすべて1次の項として式に含まれています．x_1^2 とか x_n^2 のような2次以上の項や，$x_1 x_2$ とか $x_1 x_2 x_3$，あるいは x_1/x_2 のような変数どうしのかけ算やわり算の項はどこにも見当りません．このように，1次の変数のたし算とひき算だけで表される性質は**線形**といわれます．

目的関数の式(2.33)を見ていただくと，こちらも線形になっています．すなわち，私たちのテーマは，線形の制約条件のもとで線形の目的関数を最大（または最小）にしたい，ということに要約されます．そして，線形の制約条件のもとで，線形の目的関数を最大（または最小）にするような変数の値を求めるための計算技術は**線形計画法**(linear programming)と総称されています．そして，線形計画法の切り札が，シンプレックス法……．

そこで，さっそくシンプレックス法のご紹介にはいる番なのですが，はぐらかすようで申しわけないと思いながらも，シンプレックスの計算手順は巻末の付録にまわすことにさせていただきます．なにしろ，シンプレックス法では数ページにわたってしこしこと数字のやりくりをするので，見ただけでいやになってしまう可能性が大きいからです．やりくりの手順はいちど呑み込んでしまえば単純作業にすぎないし，手数がかかるといっても，変数や制約条件が多いときに最適解を数学的に求めるのに較べれば，桁ちがいに省力化された効率のいい手順なのですが，この本の，このところで，数ペー

2. 線形計画法(その1)

LPを切る伝家の宝ノコ

ジを数字のやりくりに費やすのは心得ちがいのように思うので，付録にゆずることにしたわけです．

シンプレックス法はLPを切る伝家の宝刀といいたいところですが，すぱっと一刀両断に切れるわけではなく，しこしこと切らなければなりませんから，伝家の宝のこぎりくらいのところでしょうか．

シンプレックス法の考え方は，おおよそ，つぎのとおりです．43ページあたりに書いたように，線形計画法の最適解は許容領域の角の1つが教えてくれますから，この章で使った3つの例題では図形を視覚に訴えて，その角を見つけてきたのでした．しかし，図形では表わせないほど変数や制約条件がふえてくると，角の数はものすごく多くなり，最適解の角を人間の5感で見つけることはもちろん，数学的に算出することも困難になってしまいます．

そこで，シンプレックス法では，とりあえず1つの角を見つけ，そこを起点にして少しでも目的関数の値が大きい角のほうへと移動を繰り返して，最後には目的関数が最大になる角に辿りついていきます．目的関数が大きい角へ移動するためには，数字を機械的にやりくりするのですが，やりくりの原理は連立方程式を解くときの消去法のようなものと考えていただいていいでしょう．

　シンプレックス法は，決して手数が少ないとは言えませんが，なにしろ機械的に数字をやりくりするだけの単純作業だけですから助かります．そのうえ，こういう単純作業はコンピュータむきなので，パッケージソフトが市販されていて，いつでも利用できるところが大助かりなのです．また，エクセルのソルバー機能を用いて解くこともできます．

3. 線形計画法（その2）
—— 線形とはいうものの ——

輸送問題をスタート

　オペレーションズ・リサーチは，第1章で述べたように非常に多岐にわたる社会現象に利用されています．そのためか，ニックネームを与えられたテーマも多く，ときには，お見合の問題とか主婦の問題みたいなユニークなものもあって心が和みます．この章でも，いくつかのニックネームをご紹介できるので楽しみです．

　まず最初は，その名もずばり**輸送問題**です．図3.1を見ていただきましょう．2つの生産地XとYから3つの消費地aとbとcに製品を輸送しようと思います．生産地Xでは8，Yでは16，合計24だけ生産され，消費地aでは11，bでは7，cでは6，合計24だけ消費されるので，生産と消費が過不足なく一致している点は好都合です．これらの単位は，トンやm^3ではなく，「個」としてください．これ以上は細分化できませんから，輸送量は0，1，2，3，……のようなとびとびの値しか許されません．いわゆる離散型の問

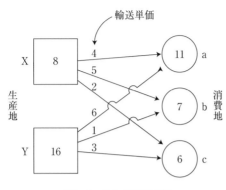

図 3.1 これぞ輸送問題

題です．

生産地 X および Y からは，消費地 a, b, c のいずれへも交通ルートがありますが，それぞれの事情によって輸送単価が異なります．製品 1 個あたりの輸送単価は図 3.1 のルートに沿って書き込んであるとおりです．さあ，もっとも安上りに生産地から消費地へ過不足なく製品を輸送するには，どのルートでどれだけの製品を運んだらいいでしょうか．

各ルートを運ぶ製品の数を図 3.2 のように表わすことを約束します．X から a への輸送量を x_a とするなど語呂合わせをして，ごちゃごちゃにならないよう細工したつもりです．さて，X からは合計 8 個，Y からは合計 16 個の製品が出荷されなければならず，また，a には合計 11 個，b には合計 7 個，c には合計 6 個の製品が入荷する必要がありますから，

$$x_a + x_b + x_c = 8 \tag{3.1}$$

$$y_a + y_b + y_c = 16 \tag{3.2}$$

$$x_a + y_a = 11 \tag{3.3}$$

$$x_b + y_b = 7 \tag{3.4}$$

$$x_c + y_c = 6 \tag{3.5}$$

の条件が満たされなければなりません．輸送にかかる全経費は

$$z = 4x_a + 5x_b + 2x_c + 6y_a + y_b + 3y_c \tag{3.6}$$

ですから,私たちの輸送問題は,式(3.1)〜(3.5)の制約条件のもとで目的関数 z が最小になるような x_a, x_b, x_c, y_a, y_b, y_c を求めることに帰着します.

なんとなく,前章の線形計画法に似ていると,お思いになりませんか.混合問

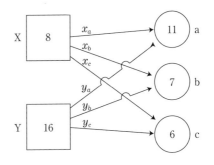

図 3.2 輸送量をこう表わす

題や割当問題では制約条件が不等式で与えられていたのに,こんどは等式になっているところが相違しているものの,今回も式(3.1)〜(3.5)で与えられる制約式と目的関数の式(3.6)とがいずれも線形です.58 ページあたりに書いたように,線形の制約条件のもとで線形の目的関数を最大(または最小)にするような問題を線形計画法というのでしたから,私たちの輸送問題は線形計画法のひとつと言えるでしょう.

不等式と等式の相違は,実は気にする必要はありません.なぜかというとつぎのとおりです.たとえば

$$a_1 x_1 + a_2 x_2 + \cdots\cdots + a_n x_n \leqq b \tag{3.7}$$

という不等式があるとしましょう.この式は左辺のほうが右辺より小さく,まだ余裕があることを意味していますから,その余裕に相当する値として x_s という変数を導入すると

$$a_1 x_1 + a_2 x_2 + \cdots\cdots + a_n x_n + x_s = b \tag{3.8}$$

となり,等式に変わってしまいます.だから不等式と等式の相違をたいして気にする必要はありません.このような x_s を,その名も

余裕関数(slack variable, **スラック変数**ともいう)*といい, この変数を使えば57ページを一般的に表現した制約条件の式(2.32)は

$$
\left.\begin{array}{l}
a_{11}x_1 + a_{12}x_2 + \cdots\cdots + a_{1n}x_n + x_{s1} = b_1 \\
a_{21}x_1 + a_{22}x_2 + \cdots\cdots + a_{2n}x_n + x_{s2} = b_2 \\
\cdots\cdots\cdots\cdots\cdots\cdots\cdots\cdots\cdots\cdots\cdots\cdots\cdots\cdots \\
a_{m1}x_1 + a_{m2}x_2 + \cdots\cdots + a_{mn}x_n + x_{sm} = b_m
\end{array}\right\} \quad (3.9)
$$

(m個の式がある) (n個の項がある) (この列は余裕変数)

となるでしょう.

私たちの輸送問題に話を戻します. 制約条件の式(3.1)～(3.5)の形は, 6個の変数を含む5個の式であり, あちらこちらの変数の係数が0になっているほか, 余裕変数も0ですが, 前記の式(3.9)の特別な場合にすぎません. それなら前章でご紹介したシンプレックス法で最適解が見つかるに違いない……と思いたいところですが, 残念ですが前章の例とは決定的に異なるところが1つだけあります. 前章では, すべての変数がマイナスにはならない, すなわち

$$x_1 \geqq 0, \ x_2 \geqq 0, \ \cdots\cdots, \ x_n \geqq 0 \qquad (2.31)と同じ$$

という制約がありましたが, 私たちの輸送問題ではすべての変数の値が「個」を単位としているために

$$x_a, \ x_b, \ x_c, \ y_a, \ y_b, \ y_c \ \ \text{は} \ \ 0\text{または正の整数}^{**} \quad (3.10)$$

でなければなりません. この制約があるので, 前章のように端数を

---

* slackは余裕があるというよりは, だぶついているという感じです. だからslack variableを余裕関数と訳すのは, かなりのお世辞です.
** 整数とは「0および±自然数」のことであり, 自然数は1, 2, 3, ……です. したがって, 「0および正の整数」は「0および自然数」と同じで, 0, 1, 2, 3, ……のことです.

3. 線形計画法(その2)

気にせずに計算を進めるわけにはいかないのです．この点を念頭に置きながら，シンプレックス法の思考過程を真似て私たちの輸送問題を解いてゆきましょう．

私たちは，制約条件として式(3.1)から(3.5)までの5つの方程式が与えられました．しかし，考えてみると，この5つの方程式は互いに独立に存在し得るわけではありません．なぜならば，式(3.1)と(3.2)の合計は出荷の総量であり，いっぽう，式(3.3)と(3.4)と(3.5)との合計は入荷の総量なので，この両者が一致しなければならないからです．したがって，式(3.1)から(3.5)までの5つの方程式のうち，1つは他の4つから作られるので，4つの式だけが互いに独立に存在できることになります．*

こういうわけですから，私たちに与えられた制約条件の式は4つです．そして，その中に x_a, x_b, x_c, y_a, y_b, y_c の6つの未知数が含まれています．4つの方程式で確定できるのは4つの未知数だけですから，あとの2つの未知数は私たちが勝手に決めてやらなければなりません．いや，勝手に決めることができる，と言いなおしたほうがいいでしょう．

2つの未知数を勝手に決めていいのですから，輸送単価の高い2つのルートの輸送量を0にすればよさそうです．輸送単価は図3.1にも記入してありますが，表3.1のとおりです．いちばん単価が高いのはY→aへの輸送なのでこのルートの輸送量 y_a を0にしよう

---

* たとえば，式(3.3)から $x_a = 11 - y_a$
 式(3.4)から $x_b = 7 - y_b$
 式(3.5)から $x_c = 6 - y_c$
これらを式(3.1)に代入すると式(3.2)ができてしまいます．

表 3.1 輸送単価はこうだ

発＼着	a	b	c
X	4	5	2
Y	6	1	3

とすると，これがうまくいかないのです．すみませんが，図3.1か3.2を見ていただけませんか．aは11も必要としているのにXからは最大限8しか期待できませんから，Yからの輸送量を0にしてしまうと，aの需要を満たすことができないのです．

仕方がないからy_aを0にするのは諦めて，つぎに輸送単価の高いX→bとX→aの輸送量x_aとx_bとを0にしようと思うのですが，これもうまくいきません．Xでは8も生産しているのに，aとbへ送ることを禁止されると，残りのcでは6しか受け付けてくれないからです．いやー，参った．なかなかの難問です．6個の未知数のうち，2つを0としたいのですが，どれとどれを選んだらいいのでしょうか．

6個の未知数から2つを選び出す組合せの数は15とおりあります．この15とおりについて片っぱしから調べてゆくと，いまの例のように成立しないものが多いのですが，成立するものが5とおり見つかります．たとえば，x_aとy_bとを0にしても，生産地の製品を過不足なく消費地へ輸送することができそうです．そこで，

$$x_a = 0, \ y_b = 0 \tag{3.11}$$

を式(3.1)から(3.5)のうち気に入った4つの式に代入して4元1次の連立方程式を解くと

$$\left. \begin{array}{l} x_a = 0, \quad x_b = 7, \ x_c = 7 \\ y_a = 11, \ y_b = 0, \ y_c = 5, \end{array} \right\} \tag{3.12}$$

となって，すべてのルートの輸送量が求まり，輸送の総経費は，こ

れらを式(3.6)に代入して

$$z = 118 \tag{3.13}$$

と算出することができます．こういう計算をすべてのケースについて行ない，いちばんzが小さなケースも選べば，もちろん問題は解決します．でも，これは，前の章のたとえで言うなら，許容領域を含むすべての角について目的関数の値を計算して比較することに相当します．なんの知恵もなく力まかせに作業をしているわけですから，知的人間としては恥ずかしい気がするばかりか，生産地や消費地の数が多くなると作業量が加速度的に増大し，とても付き合いきれるものではありません．

輸送問題を解く

ちょっと長くなってきたので節を改めます．話は前の節の続きです．輸送問題について力まかせにしらみ潰しの作業をするのではなく，気の効いた知恵を出そうとしているところでした．

生産地XとYから消費地a，b，cへの輸送量は，すでに図3.2に記入してありましたが，これを一覧表にしたのが表3.2です．私たちは，なにはともあれ，表中の6つの未知数のうち2つは0とし，他の4つはプラスの値で，縦と横の合計がそれぞれ与えられた値になるようにしなければなりません．* そして，そういう値の組合せ

---

* 6つの未知数のうち2つを勝手に選んで0としていいという65ページの考え方は，理解しにくいところがあるかもしれません．理屈はさておき，表3.2のように未知数を並べたとき，(行の数)+(列の数)−1個数だけ0ではないプラスの値の組合せがあれば，その中に最適解が含まれていると信じてください．

表 3.2 輸送量の条件はこうだ

発＼着	a	b	c	計
X	x_a	x_b	x_c	8
Y	y_a	y_b	y_c	16
計	11	7	6	24

がなんとおりもあるなら，その中からいちばん総経費が安くなる組合せを採用して，問題解決となるわけです．

とりあえず，縦と横のつじつまが合う値の1組を見つけるのに便利な方法があります．文章で書くとごちゃごちゃしますが，作業は驚くほど簡単ですから，表3.3を追いながら付き合ってください．

まず，いちばん上のように，これから値を書き込んでゆく欄を作ります．右縁および左縁には，表3.2と同じように，それぞれの生産量や消費量を書いておきましょう．では，作業開始です．作業は空欄のどの隅から始めてもいいのですが，左下の隅から始めてみましょうか．* 下を優先し，つぎに左を優先しながら空欄に数字を埋めていこうと思います．それも，ひたすらめいっぱいの値を割り付けていくだけですから，作業の方針は単純明快です．

②を見てください．左下隅では，Yは16出せるというのに，aは11だけほしいというのですから，輸送量としては11が限度です．そこで11と書きます．つまり，出すほうと受け取るほうのうち，小さいほうの値を書けばいいわけです．11と書いてしまうとYからはあと5しか出せませんから，右縁の16は5に改まるし，aは

---

* 表3.3の作業はどの隅から始めてもいいのですが，左上から始めることが多く，そのため北西のルールなどと呼ばれることがあります．私たちの例では，北西から作業を始めると偶然にいっぱつで最適解に到達してしまい，つまらないので，左下から作業を始めました．

3. 線形計画法(その2)

表 3.3 単純作業で答えのひとつを見つける

①

	a	b	c	
X				8
Y				16
	11	7	6	

②

			8
11			5
0	7	6	

⑤

0			8
11	5	0	0
0	2	6	

③

			8
11	5		0
0	2	6	

⑥

0	2		8
11	5	0	0
0	0	6	

④

			8
11	5	0	0
0	2	6	

⑦

0	2	6	0
11	5	0	0
0	0	0	

もう満腹ですから,下縁の 11 は 0 に変わります.つぎは,②の中に点線で囲った欄の左下隅に同様の作業を進めます.

③は②における右縁の 5 と下縁の 7 とを較べて,小さいほうの 5 を空欄に書き込んだところです.Y の余力が 0 に,b の余力が 2 に減っていることにご注目ください.つづいて,③の中に点線で囲まれた欄に作業を進めます.なにしろ,下が第 1 優先,左が第 2 優先と決めたので,作業がこう進むのです.

④まで作業が進めば,あとは a, b, c の余力から自然と空欄は埋まってしまうのですが,ここは愚直に左から 1 つずつ作業を進めて,⑤,⑥,⑦のように作業完了です.⑦を表 3.2 に重ね合わせて

みてください．

$$x_a = 0, \quad x_b = 2, \quad x_c = 6$$
$$y_a = 11, \quad y_b = 5, \quad y_c = 0 \tag{3.14}$$

となりました．これらの値は，ちゃんと2つの0を含みながら62ページの式(3.1)～(3.5)を満足しています．言いかえれば，表3.4に⑦を整理しなおしたように，生産地から消費地へ過不足なく製品を運ぶという条件には合致していることがわかります．表3.4のように，必要なだけの0を含み縦と横のつじつまが合っているような解を**可能基底解***などといい，前章で述べた許容領域の角の1つに相当すると思っていただけばいいでしょう．そこで，この可能基底解の場合について，これらの値を式(3.6)に代入してみると，輸送の総経費は

$$z = 93 \tag{3.15}$$

となりました．この値は前節で求めた「製品を過不足なく消費地へ運ぶことのできる輸送量」の一例，式(3.12)の場合に総経費が118であったのに較べれば，かなり安上りになっています．けれども，式(3.14)がもっとも安上りな輸送の割り当てであるという保証はありません．表3.4のような可能基底解がほかにもあるかもしれないし，その中には総経費がさらに安上りなものがあるかもしれないからです．そこで，表3.4で求めた1つの可能基底解を出発点にして，他の可能基底解を見つけていきましょう．

---

* 式(3.1)～(3.5)および式(3.10)を満たす解を**実行可能解**といいます．実際に過不足なく製品の輸送が可能だからです．また，必要個数の0を含み式(3.1)～(3.5)を満たす解を**基底解**といいます．表3.4の値は実行可能解でもあり基底解でもあるので，**可能基底解**というわけです．

3. 線形計画法（その2）

考え方は，つぎのとおりです．0の数は決まっているのでこれを変えるわけにはいきませんから，0が別の位置にあったらどうなるのかを調べてみようと思います．そのた

表3.4 こうして解のひとつが見つかった

発＼着	a	b	c	計
X	0	2	6	8
Y	11	5	0	16
計	11	7	6	24

めには，表3.4において縦と横のつじつまは変えないで，0の位置だけを変える方法を考えようというのです．

表3.5のいちばん上の行列は表3.4の一部ですが，この0の位置を動かしてみます．0の位置に t という値を入れましょう．行列では横方向の並びを行，縦方向のそれを列ということを思い出していただきます．第1行の合計は2のままでなければいけませんから，右上の値は $2-t$ でないと横のつじつまが合いません．また，第1列の合計を11のままにするためには，左下の値は $11-t$ とする必要があります．さらに，第2行の合計は16，第2列の合計は7のままであるために，左下の値は $5+t$，……．こうして，表3.5の中央の行列ができ上がります．

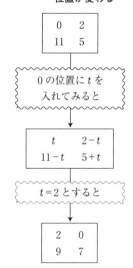

表3.5 こうすると0の位置が変わる

さて，この行列にもどこかに0が1つだけなければなりません．そうでないと0の数が減ってしまいます．ところが，0になり得るのは右上の $2-t$ のと

ころで，$t = 2$ とする場合だけです．なぜって，左下を0にするためにtを11にすると，右上がマイナスの値になって式(3.10)に違反するし，右下を0にするためにtを-5にすると，左上がマイナスの値となって，これも違反だからです．こういうわけで，tを2にすると表3.5のようになり，縦と横のつじつまが変わらないまま，0を左上から右上へ移動させることに成功しました．すなわち，0の横か上下にある値のうち，小さいほうの値と0とを交換したうえで，行と列の合計が変わらないように補正をすると，0の位置が移動することになるのです．

さっそく，この手を使って表3.4の可能基底解から他の可能基底解を作り出したのが表3.6です．①の第1列と第2列に注目して0の位置を変えると，表3.5のとおりの手順で②ができ上がります．これが新しく発見された解のひとつです．また，①の第2列と第3列に注目して0の位置を変えると③になります．66ページの式(3.12)ですでに見つけていた解がこれでした．なお，第1列と第3列の組合せでは0が2つも含まれているので，0の数を減らさずに0を移動させることはできません．

つぎに，②の第1列と第3列の組合せに注目して0の位置を変えると④ができるし，③の第1列と第3列の組合せで0を移せば⑤となります．もちろん，これらは可逆変化

表 3.6　こうしてすべての可能基底解が見つかる

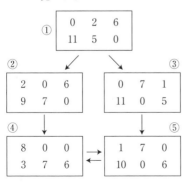

です.さらに④と⑤は,互いに第1列と第2列との組み合わせで0の位置を移したものにすぎません.もうこれ以上は,①〜⑤がぐるぐると循環してしまい,新しい解が見つかる気づかいは必要ありません.ザッツオールです.

そこで,①〜⑤の値を目的関数 z の式(3.6)に代入して,輸送の総経費を比較してみましょう.

① は　93　　　② は　81
③ は　118　　④ は　75
⑤ は　117

となり,④がいちばん安上りです.すなわち,私たちの輸送問題についての最適解は

$$x_a = 8,\ x_b = 0,\ x_c = 0$$
$$y_a = 3,\ y_b = 7,\ y_c = 6$$
(3.16)

であることが判明いたしました.なかなか手間がかかるものですなあ.

生産地と消費地の数がふえると,飛躍的に手間は増大してゆきます.その場合でも,1つの可能基底解を見つける表3.3の手順はじゅうぶん実用に堪えます.しかし,1つの可能基底解から出発してすべての可能基底解をいもづる式に洗い出す表3.6の手順は,実用に堪えるとは言い難くなってしまいます.その場合のために,すべての0の位置について輸送量を1単位だけふやしたら総経費がどれだけ変わるかを調べ,総経費が減少する方向にだけ0の位置を移してゆくという手順なども開発されています.

輸送問題では,まず1つの解を見出し,そこを出発点にしてつぎつぎと新しい解をたぐり寄せ,その中から最適の解を選ぶという手

まずどの枝かに取り付き、それを足場にして高い枝へと登っていこう

順を踏みました．これは，前の章で混合問題を図を描きながら解いたあとに「線形計画法では，種々の制約条件を満たす領域がいくつかの角を持った図形で示され，そのうち1つの角が最適解……」と述べたことと関連があります．輸送問題で1つの解を見出したことは，制約条件を満たす領域の1つの角を発見したことに相当し，そこから領域の縁をたどりながら，つぎつぎと新しい角を征服していったことを意味しています．

クラス分け問題

前の章に割当問題というのがありました．資源を効果的に割り当てて収益を最大にしようとしたのでしたが，この種の問題は，オペレーションズ・リサーチの中でも格好のテーマです．そこでもうひとつ，タイプの異なる割当問題を紹介させていただきます．

新入りの6人を野球部に2人, バレー部に2人, テニス部に1人, サッカー部に1人ずつ割り当てようと思います. 4つの部に対する入部希望者を6人から聞いたところ, 表3.7のとおりでした. つまり, 大谷君の第1希望は野球部, 第2希望はバレー部, 第3希望がテニス部, サッカー部はどんじりの第4希望というぐあいです.

野球部には2人しか採用予定がないのに, 大谷, 藤浪, 松井の3君が第1希望を申し出ているし, サッカー部では1人をとりたいのに第1希望はなし, はて, 6人の希望をできるだけ満たすように入部を割り当てるには, どうしたらいいでしょうか. これは, 部ごとの割り当て人数という制約条件のもとで, 6人の希望を最も満足させるように割り当てる問題です. こんどの割当問題では, 資源が人間です. ひとりの人間は分割もできないし, 人数はマイナスになることもありませんから, こんども離散型です.

まず, 目的関数を決めましょう. 6人の希望がどれだけかなえら

表3.7 入部の希望順位がこうであるとする

部 (人数)	野球部 (2人)	バレー部 (2人)	テニス部 (1人)	サッカー部 (1人)
大谷君	1	2	3	4
藤浪君	1	3	2	4
松井君	1	3	4	2
川合君	2	1	3	4
大林君	4	1	2	3
錦織君	3	4	1	2

れているかを表わす目的関数としては

$$z = \text{各人が割り当てられた部に対する希望順位の合計} \quad (3.17)$$

を選べばよさそうです.たとえば,3人が第1希望の部に割り当てられ,2人が第2希望の部に,1人が第3希望の部に割り当てられたとすると

$$z = 1 + 1 + 1 + 2 + 2 + 3 = 10$$

となるわけです.全員が第1希望の部に割り当てられたときが満足度が最高となり,そのときの z は 6,これに対して,全員が第4希望の部に割り当てられたときに満足度は最低となり,そのときの z は 24 で,謀反が起こりかねない事態です.[*] こうして,私たちに与えられた命題は,各部ごとの割り当て人数を守りながら

$$z \to \text{最小}$$

にすることになります.

では作業にかかりましょう.表 3.7 に並んだ数字だけを取り出すと表 3.8 の I のようになります.このような数字の羅列は行列といい,数字の横並びのほうを行,縦並びのほうを列と呼んで区別するのでした.つまり,I は 6 行で 4 列の行列です.

---

[*] ここでは第1希望なら1点,第2希望は2点,第3希望は3点,第4希望は4点と,等差級数で配点してあります.けれども,人間の満足度を等差級数で表わすことに理論的裏付けがあるわけではなく,これ以外の表わし方も考えられます.満足度のように数量的に表わしにくいものを努めて科学的に**数量化**する方法もいろいろと研究されていて,社会現象を対象にして科学的に最適の値を見出そうとする OR にとっては,なくてはならない基礎知識となっています.詳しくは『評価と数量化のはなし』を見ていただければ幸いです.

3. 線形計画法(その2)

表 3.8 行と列の中の最小値をクローズアップする

	I		
1	2	3	4
1	3	2	4
1	3	4	2
2	1	3	4
4	1	2	3
3	4	1	2

→

	II		
0	1	2	3
0	2	1	3
0	2	3	1
1	0	2	3
3	0	1	2
2	3	0	1

→

	III		
0	1	2	3
0	2	1	2
0	2	3	0
1	0	2	2
3	0	1	1
2	3	0	0

はじめは行に注目し,各行の中でいちばん小さな値をその行の4つの値からいっせいに引いてください.この場合,各行の中でいちばん小さな値はすべて1ですから,すべての数字から1を引くことになります.引いた結果がIIです.

つぎは列に注目し,各列の中でいちばん小さな値をその列の6つの値からいっせいに引いていただきます.左から数えて第1列,第2列,第3列ではいちばん小さな値が0ですから引き算をしても価は変わらず,第4列だけが1つずつ減り,IIIができ上がります.このような操作をすることによって,各行や各列の中にある最小の値が0としてクローズアップされてきます.

最後に,IIIの縁に6人の名前と4つの部を書き加えると,表3.9ができ上がります.0の位置に着目しながら6人を4つの部に割り振っていきましょう.野球部の枠は2人なのに,大谷,藤浪,松井の3人が0になっています.このうち,大谷君と藤浪君はほかに0がないのに対して,松井君はサッカー部も0になっていますから,大谷君と藤浪君を野球部に,松井君はサッカー部に割り当てたらどうでしょうか.バレー部は2人の枠に対して川合君と大林君の2人が0ですから,ぴったりです.残った錦織君はテニス部とサッカー

表 3.9 z を最小にするために

	野球	バレー	テニス	サッカー	
大谷君	0	1	2	2	→野球
藤浪君	0	2	1	2	→野球
松井君	0	2	3	0	→サッカー
川合君	1	0	2	2	→バレー
大林君	3	0	1	1	→バレー
錦織君	2	3	0	0	→テニス

部が0ですが,サッカー部にはすでに松井君が割り当てられていますから,錦織君はテニス部に決まり,です.こうして6人の割り当ては,すんなりと決定しました.

この結果から目的関数 z の値を計算してみてください.A, B, D, E, F の5人は第1希望に,C君が第2希望に割り振られていますから

$$z = 1 + 1 + 2 + 1 + 1 + 1 = 7 \qquad (3.18)$$

となり,満足度最高の6に限りなく近づいています.

これでこの例題は終りですが,この程度の問題なら,行列を作って引き算などしなくても表3.7をじっくりと観察すれば,最適の答を見破るのはわけもない,などとおっしゃっていただきたくないのです.ここでは,問題をやさしくするために新入りはたった6人,部の数も僅かに4つとしたので,6人を2人,2人,1人,1人に分ける組合せのすべてを列挙しても,180とおりにすぎません.このくらいなら,根気よく比較検討してゆけば最適解を見つけるのも可能でしょう.しかし,人数が多くなるにつれて組合せの数は急激に

3. 線形計画法(その2)

増大してゆきます．たとえば，20人を5人，5人，4人，4人，2人に分けるとすると，その組み合わせの数は約147億とおりにも増大し，そうなると完全にお手上げです．* こういうときには，ぜひ表3.8のような方法を活用してください．

この節の例題では，部が4つあるので各人に第1から第4希望までを申告させていましたが，第1，第2，第3希望までを申告させ，第4希望はないものとしたい場合もあるかもしれません．そのときは，表3.8の第4希望のところに×印でも記入し，これをものすごく大きな値とみなし，ふつうの数を引いても×のままで変わらないとして処理すればいいでしょう．

さらにまた，各人の希望を1，2，3，4という配点で申告させるばかりでなく，合計点を10点に固定して，野球，バレー，テニスのどれかに入りたいがサッカーだけは・い・やというなら，1，1，1，7という配点を許したり，どの部でもいいけれど強いていうならテニスかサッカーがいいという程度なら，3，3，2，2という配点も許すなど，融通性を持たせるのもおもしろいかもしれません．

なお，この手の問題は**クラス分け問題**とか**クラス編成問題**とかのニックネームで呼ばれることもあり，なるほど，学生を希望に応じてゼミのクラスに分けるときなどに役立ちそうです．

ところで，クラス分け問題も形式的には線形計画法の仲間なのです．この問題では目的関数を表わす以外には数式を使いませんでし

---

* 6人を2人，2人，1人，1人に分ける組合せの数は
$${}_6C_2 \times {}_4C_2 \times {}_2C_1 = 15 \times 6 \times 2 = 180 \text{ とおり}$$
20人を5，5，4，4，2に分ける組合せの数は
$${}_{20}C_5 \times {}_{15}C_5 \times {}_{10}C_4 \times {}_6C_4 \fallingdotseq 147 \text{ 億とおり}$$

表3.10 未知数をこう書く

部 (人数)	野球部 (2人)	バレー部 (2人)	テニス部 (1人)	サッカー部 (1人)
大谷君	x_{11}	x_{12}	x_{13}	x_{14}
藤浪君	x_{21}	x_{22}	x_{23}	x_{24}
松井君	x_{31}	x_{32}	x_{33}	x_{34}
川合君	x_{41}	x_{42}	x_{43}	x_{44}
大林君	x_{51}	x_{52}	x_{53}	x_{54}
錦織君	x_{61}	x_{62}	x_{63}	x_{64}

たが，制約条件を数式で表わすならば，つぎのようになります．

まず，未知数を表3.10のように約束しましょう．xについた添字のうち，1桁めはA君からF君までの6人の個体に対応していますし，2桁めは4つの部に対応しています．こうして24個もの未知数が出現しました．そしてこれらの未知数は，0か1にしかなれないものとします．つまり，一般的に，添字の1桁めをi，2桁めをjとでも書くと

$$x_{ij} = 0 \quad \text{または} \quad 1 \tag{3.19}$$

と約束するのです．そして，部に入っていれば1，入っていなければ0で表わすことにしましょう．そうすると，たとえば大谷君は1つの部にしか入れませんから，大谷君に関係する未知数x_{11}, x_{12}, x_{14}のうち，1つだけが1で他の3つは0でなければなりません．藤浪君以下ほかの人たちについても同じです．すなわち，ある個人は1つの部にしか入れないという制約条件は

$$\left.\begin{aligned}
x_{11} + x_{12} + x_{13} + x_{14} &= 1 \\
x_{21} + x_{22} + x_{23} + x_{24} &= 1 \\
&\cdots\cdots\cdots\cdots \\
x_{61} + x_{62} + x_{63} + x_{64} &= 1
\end{aligned}\right\} \tag{3.20}$$

と書けることになります. そしてまた, 野球部には 2 人しか入れないのですから, 野球部に関する未知数 x_{11}, ……, x_{61} のうち, 2 つだけが 1 で他の 4 つは 0 である必要があり, ほかの部についても人数に応じて同様の制限が生じます. つまり, 入部の人数からくる制約条件は

$$\left.\begin{array}{c} x_{11} + x_{21} + \cdots\cdots + x_{61} = 2 \\ x_{12} + x_{22} + \cdots\cdots + x_{62} = 2 \\ x_{13} + x_{23} + \cdots\cdots + x_{63} = 1 \\ x_{14} + x_{24} + \cdots\cdots + x_{64} = 1 \end{array}\right\} \quad (3.21)$$

で表わされることにご異議はないでしょう. 式(3.20)と(3.21)を 64 ページに書いた制約条件の一般的な式(3.9)と較べてみていただけませんか. 式(3.9)の a_{ij} がこんどはすべて 1, 余裕変数 x_{si} は 0, b_i は 1 か 2 と指定されているし, また, 式(3.9)では未知数が x_1 から x_n だったのに較べて, こんどは x_{11} から x_{64} のように添字が 2 桁になってはいますが, 未知数の 1 次多元連立方程式であるという基本的な性格に変わりはありません. このように, クラス分けの問題も, 本質的には式(3.9)で表わされる形式の特別な場合にすぎないのです.

なお, 私たちのクラス分け問題の場合, 目的関数 z は

$$z = c_{11}x_{11} + c_{12}x_{12} + \cdots\cdots + c_{64}x_{64} \quad (3.22)$$

であり, この c_{ij} は 75 ページの表 3.7, つまり 6 人の各部に対する入部の希望順位であると合点していただけると思います. そして私たちは, このように線形をしている z が最小になるようにと油汗を流したのでした.

クラス分け問題は制約条件も目的関数も見事に線形です. した

がって，線形計画法の仲間であることに疑いはないのですが，輸送問題のときと同じように，またもやシンプレックス法が使えませんでした．犯人は式(3.19)です．変数がとびとびの整数にしかなれない場合には，どうしても対症療法的な解き方になってしまうようです．

巡回セールスマンの問題

前節の割当問題を，もう少しひねってみます．茨城，群馬，栃木，神奈川，山梨の各県は，県名と県庁が所在する市の名とが異なるので，中学生泣かせです．いま，これらの県庁所在地，水戸，前橋，宇都宮，横浜，甲府の5市を急いでひと回りするはめになったと思っていただきます．各市の間を移動するのに要する時間は表3.11のとおりです．実際とはかなりちがいますが，お許しください．さて，もっとも早く回るには，どの順序で回ればいいでしょうか．

表3.11の中で，水戸から水戸，宇都宮から宇都宮などの所要時間は×としてあります．ほんとうは，水戸から水戸や，宇都宮から

表 3.11 移動にこれだけの時間がかかるとする

発＼着	水戸	前橋	宇都宮	横浜	甲府
水　戸	×	5	2	3	4
前　橋	5	×	3	3	6
宇都宮	2	3	×	1	4
横　浜	3	3	1	×	3
甲　府	4	6	4	3	×

3. 線形計画法(その2)

表 3.12　行と列の中の最小値をクローズアップしすぎ？

I

×	5	2	3	4
5	×	3	3	6
2	3	×	1	4
3	3	1	×	3
4	6	4	3	×

→

II

×	3	0	1	2
2	×	0	0	3
1	2	×	0	3
2	2	0	×	2
1	3	1	0	×

→

III

×	1	0	1	0
1	×	0	0	1
0	0	×	0	1
1	0	0	×	0
0	1	1	0	×

宇都宮へは1秒もかからないのですが，ここを0にしておくと，なるべく近いところへという思想からして旅立てなくなってしまうので×を記入し，これはものすごく大きく，ふつうの値を引いても×のままで変わらない値とみなすことにします．

　ここからあとの手続きは，前節の場合とそっくりです．表 3.11 の数字を書き写したのが表 3.12 の I です．I の各行ごとに，いちばん小さな値をその行のすべての値から引いてください．すべての行に0を含んだ II ができます．さらに，II の中で第1列，第2列，第5列には0がありませんから，これらの例については，いちばん小さな値をすべての値から差し引きます．これで，どの行にもどの列にも0を含んだ III ができ上がります．こうして，前節の場合のように，各行や各列の中で相対的にもっとも小さな値を0としてクローズアップすることに成功しました．少々やりすぎみたいですけど……．

　つぎに，III に散在するたくさんの0の中から，どの行にも，また，どの列にも1つだけ0が含まれるように5つの0を選んでください．表 3.13 のように考えていくのです．まず，5つの行と5つの列を調べてみると，どの行にも，どの列にも2つ以上の0が含まれ

表 3.13 どの行にも,どの列にもひとつだけの 0 を

	第1列	第2列	第3列	第4列	第5列
第1行	×	1	⓪	1	0̇
第2行	1	×	0̇	⓪	1
第3行	0	0	×	0̇	1
第4行	1	0	0̇	×	0
第5行	0	1	1	0̇	×

ています.もし,0 が 1 つしか含まれていない行か列があれば,その 0 は文句なしに採用することになり,単純でありがたいのですが,残念ながらそうはなっていません.

そこで,第 1 行については,第 3 列にある 0 を採用することにしてみましょう.この 0 を採用すると,どの行にも列にも 0 が 1 つだけという制限のために,第 1 行・第 5 列にある 0 は邪魔ですから点線で消すと同時に,第 3 列にある他の 2 つの 0 も邪魔なので,消してしまいます.つづいて第 2 行を見ると,いま第 3 列の 0 が消されてしまったので,残るは第 4 列の 0 だけですから,この 0 は採用する必要があります.そうすると,第 4 列の他の 2 つの 0 は使えないので消されてしまう…….ここまでが表 3.13 です.

以下,第 5 行に残された第 1 列の 0 と,第 5 列に残された第 4 行の 0 は採用,そうすると,第 4 行・第 2 列の 0 は不用,で,第 3 行・第 2 列の 0 は使わなければならないので採用となり,第 3 行・第 1 列の 0 は不用になります.こうして,どの行にも列にも 1 つずつの 0 を含むように,5 つの 0 を採用することができました.これら 5 つの 0 の位置を示したのが表 3.14 の A です.

同じように,表 3.12 Ⅲ の第 1 行のうち,第 5 列にあるほうの 0 を採用する場合についても,各行と列に 1 つだけ 0 が含まれるように 5 つの 0 が選べるかを調べてみる必要があります.こちらはやや複雑です.なにしろ,第 1 行・第 5 列の 0 を採用する場合には,第

3. 線形計画法(その2)

2行の0が2つとも生き残っていますから，その両方について調べなければならないからです．根気よく調べてみると，表3.14のB，C，Dのいずれもが，各行と列に1つずつの0を含んでいることがわかります．つまり，表3.12のIIIに散在するたくさんの0のうち，どの行にも，また，どの列にも1つずつ0が含まれるような0の組合せとしては，表3.14の4種類があることになります．

まず，表3.14のAを利用しましょう．この節の出題にもどって表3.11に0の位置を記入してください．それが表3.15です．そして，左辺に書かれた都市から出発して上辺の都市に到着することにしましょう．第1行は水戸→宇都宮です．第3行では宇都宮→前

表3.14 行と列に1つずつの0を含む組合わせ

A B C D

（4種類の5×5行列に0の配置を示す図）

表3.15 こうして発着を決める

発＼着	水戸	前橋	宇都宮	横浜	甲府
水 戸	×	5	②	3	4
前 橋	5	×	3	③	6
宇都宮	2	③	×	1	4
横 浜	3	3	1	×	③
甲 府	④	6	4	3	×

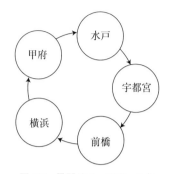

図3.3 早回りコースは，これ

橋，第2行で前橋→横浜，第4行が横浜→甲府，第5行が甲府→水戸となり，出発点の水戸に戻ります．すなわち，図3.3のように回れば，所要時間が最小となるにちがいありません．なにしろ，各行や各列の中で相対的にもっとも小さな値をたどって一周したのですから……．ちなみに，一周の所要時間は，表3.15で○に囲まれた値を合計してみると，15時間となります．

さらに，表3.14のB，C，Dに従って一周するとどうなるかを調べてみると，Bでは

　　　水戸→甲府→横浜→前橋→宇都宮→水戸

となって，これは図3.3の逆回りにすぎません．したがって，所要時間は15時間です．そして，Cでは

　　　水戸→甲府→水戸

　　　前橋→宇都宮→横浜→前橋

という2つのサイクルに分かれてしまっているし，Dも

　　　水戸→甲府→水戸

　　　前橋→横浜→宇都宮→前橋

の2つのサイクルに分離されています．これらの所要時間の合計は，Cの場合もDの場合も15時間ですが，どちらも2つのサイクル間を移動する時間がさらに必要ですから，AやBの場合に対して勝ちめはありません．したがって，私たちの問題に対する最適解は，図3.3のような順序か，あるいは，その逆回りの順序で一周す

るか，です．この種の問題は，ORの中では**巡回セールスマンの問題**というニックネームで呼ばれ，古典的な難問のひとつです．この問題は，実を言うと，いまご紹介したような手順でいつも解けるとは限りません．2つ以上のサイクルに分かれた答しか見つからないこともあるし，また，行にも列にも1つずつの0を含むような0の組合せがないことも少なくはないのです．これを克服する知恵もないことはありませんが，なかなかめんどうです．とはいうものの，うまく解けることもあるのですから，やってみて損はないでしょう．

この手の問題は，巡回のすべての順序を列挙して所要時間を比較すれば，必ず最適解が見つかることはわかっているのですが，そのためにはぼう大な手数がかかり現実的でないので，手数をかけずに最適解を求めるような方法が研究されているわけです．* そして，手数をかけずに必ず最適解が求まることを証明しなければ，数学的には価値が認められません．けれども，社会現象に対応するためのORの立場からいえば，「うまく解けることもある」だけでも相当の価値があるはずです．

ところで，巡回セールスマンの問題を数式で表わしたら，どうなるでしょうか．まず，クラス分け問題のときと同じように，未知数を表3.16のように定めます．巡回セールスマンの問題では，結局，

---

* n 個の異なるものを円周上に並べる並べ方の数は

$$\frac{1}{n}{}_nP_n = (n-1)!$$

ですから，6都市の巡回の仕方には $5! = 120$ とおりがあります．7都市なら720とおり，8都市なら5,040とおり，9都市なら40,320とおり，10都市なら362,880とおり……．

表 3.16 未知数をこう書いてみる

発＼着	水戸	前橋	宇都宮	横浜	甲府
水　戸	x_{11}	x_{12}	x_{13}	x_{14}	x_{15}
前　橋	x_{21}	x_{22}	x_{23}	x_{24}	x_{25}
宇都宮	x_{31}	x_{32}	x_{33}	x_{34}	x_{35}
横　浜	x_{41}	x_{42}	x_{43}	x_{44}	x_{45}
甲　府	x_{51}	x_{52}	x_{53}	x_{54}	x_{55}

85ページの表3.15のように，各行と各列にぴったり1つずつの値を選んだのでしたから，こんども

$$x_{ij} = 0 \quad \text{または} \ 1 \qquad (3.19)\text{と同じ}$$

とすれば，行についての制約条件は

$$\left.\begin{array}{l} x_{11} + x_{12} + \cdots\cdots + x_{15} = 1 \\ \cdots\cdots\cdots\cdots\cdots\cdots\cdots\cdots \\ x_{51} + x_{52} + \cdots\cdots + x_{55} = 1 \end{array}\right\} \quad (3.23)$$

であり，列についての制約条件は

$$\left.\begin{array}{l} x_{11} + x_{21} + \cdots\cdots + x_{51} = 1 \\ \cdots\cdots\cdots\cdots\cdots\cdots\cdots\cdots \\ x_{15} + x_{25} + \cdots\cdots + x_{55} = 1 \end{array}\right\} \quad (3.24)$$

で表わされます．ただし，水戸発水戸着などというズルをさせないために

$$x_{11} = x_{22} = \cdots\cdots = x_{55} = 1 \qquad (3.25)$$

という制約条件を追加しておく必要があります．いずれにしても，制約条件の式はいずれも線形です．いっぽう，目的関数 z は，都市の間を移動するのに要する時間の表3.11の値を C_{ij} として使い

$$z = c_{11}x_{11} + c_{12}x_{12} + \cdots + c_{55}x_{55} \qquad (3.26)$$

とすればよいことは、クラス分け問題の場合と同じであり、これも線形です。そして、この z が最小となるような x_{ij} を見つけるのが、私たちに課せられた命題でした。こうしてみると、巡回セールスマンの問題も線形計画法の一例であるように思えるのですが、ちょっと待ってください。

この節の検討過程で、巡回のサイクルが2つに分かれてしまう場合がありました。2つ以上に分かれたとしても、サイクルの間を移動する時間を含めた所要時間がもっとも短ければ、それが最適解となるはずなのに、目的関数の式(3.26)ではそれが考慮されていません。また、4カ所を結ぶルートが意地悪く図3.4のようになっていれば、最適のルートは

A – B – A – C – A – D – A

となるはずなのに、式(3.23)～(3.25)の制約式からは、このような

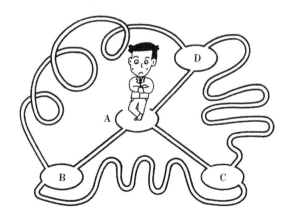

図3.4 セールスマンはどう回る？

答が出てこないではありませんか.つまり,巡回セールスマンの問題としては,制約式も目的関数も完全ではなかったのです.

では,どうすればいいのか…….この本としては無条件降伏です.* オペレーションズ・リサーチの問題の中には,一見やさしそうに思えるのに厳密に考えれば考えるほど,玄人さんの手にも余るものが少なくありません.ありがたいことに,そのような問題に対しては厳密な解法をとことん追究しようとする研究者がおられると同時に,ほどほどに実用性のある解法を生み出そうと努力される先生方もいらっしゃるので大助かりです.この節では,ほどほどの実用性の一端を紹介させていただいたわけです.

非線形計画法と整数計画法

この章の最後に,あまり重要ではないかもしれませんが,線形計画法の親族をご紹介しておこうと思います.

復習になって恐縮ですが,1次の変数のたし算とかけ算だけで表わされる性質を**線形**といい,線形の制約条件のもとで,線形の目的関数を最大(または最小)にするように変数を決める問題を**線形計画法**と総称しているのでした.

これに対して,制約条件の式か目的関数のどちらか,あるいは両方が線形でない場合について,制約条件のもとで目的関数を最大(または最小)にするような変数を求める問題を**非線形計画法**といい

---

* 巡回セールスマンの問題については,ウィリアム.J.クック著『驚きの数学 巡回セールスマン問題』(青土社,2013)などに詳しく説明されています.

ます．

そしてまた，線形計画法か非線形計画法で，変数の一部または全部が整数に限られているときは，**整数計画法**と呼ばれています．すなわち，線形計画法と非線形計画法が取り扱う範囲は，図3.5のように分離あるいは重複していることになるわけです．*

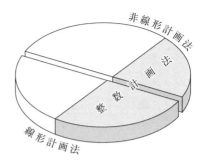

図3.5　遠くて近い仲？　近くて遠い仲？

私たちが体験してきた例題にこの分類をあてはめるなら，第2章の混合問題と割当問題は線形計画法，この章の輸送問題とクラス分け問題は線形計画法であると同時に整数計画法といえます．巡回セールスマンの問題は，純粋に線形だけでは扱えないので非線形計画法であると同時に，整数計画法というのが正しいでしょう．

けれども現実には，線形計画法と整数計画法が重複したところを線形計画法から除いて，線形計画法は必ずシンプレックス法で解ける，などという方も少なくないようです．

まさに，整数計画法を除いた純粋無垢の線形計画法にとっては，シンプレックス法が切り札大明神です．コンピュータと相性がいい

---

* JISによれば，線形計画法は「条件付極値問題で目的関数が1次関数であり，制約が1次不等式または等式から成るもの」，非線形計画法は「条件付極値問題で目的関数または制約の中に1次でない関数を少なくとも一つ含むもの」，また，整数計画法は「線形または非線形計画法で全部または一部の変数がとり得る値が整数に限定されている場合」となっています．

こともあって,オペレーションズ・リサーチを学ぶほどの人なら,一度は耳にしたことがあるはずです.

これに対して,線形計画法であっても整数計画法となると,シンプレックス法ほどの切り札がなく,かなり対症療法的な色あいの濃い解法に頼らざるを得ません.それにしても役立つのが,この章の例題でもそうであったように,とりあえず1つの解を見つけ,そこを出発点にしてより優れた解へと改良を繰り返し,ついには最適解へと到達するというシンプレックス法的な手順です.

非線形計画法……,これは,非線形の対象があまりにも変化に富みすぎているので,全般的に通用する解法を編み出すのは容易ではありません.しかし,社会現象には非線形のものが多いので,その必要性は高く,また,かずかずの研究成果もあがっています.けれども正直なところ,素人衆の手に余るものが多いのも残念ながら事実でしょう.

4. 動 的 計 画 法
—— 将来への最善を積み重ねて ——

過去はさておき，将来へ

　勝負師にとって必須の資質のひとつに「気持ちの切り替えが早いこと」があるそうです．なるほど，スポーツ競技や囲碁，将棋，マージャンなどの勝負中に，ミスや不運をいつまでも悔やんでいたのでは勝ち目はありません．たちどころに気持ちを切り替えて平常心に戻ったり戦意を高めたりできなければ，勝負師とは言えないでしょう．

　私が思うには，「気持ちの切り替えの早さ」は勝負師ばかりか，一般の方々にとっても人生を楽しく生きるための必須の条件のひとつです．仕事でしくじったり，不運なトラブルに遭遇したからといって，いつまでもくよくよしているようでは人生も楽しくないし，それに大成の見込みも乏しいでしょう．私はありがたいことに，お酒さえ飲めば不愉快なことはみんな忘れて元気が出るタチなので，ずいぶん得をしていると自分でも思っています．もっとも，

いつも酒の力を借りるようではお金もかかるし肝臓にも悪いので，落ちこんだときには，いままでのことはさておき，これからのことに最善を尽くそうと，自らに鞭をいれることも少なくありませんが……．

いままでのことはさておき，これからのことに最善を尽くそう，という考え方が私は大好きです．ところが，この考え方によく似た手法がオペレーションズ・リサーチの中にあるので，オペレーションズ・リサーチまで大好きになってしまいます．その手法の名を**動的計画法**(dynamic programming, DP と略すことが多い)といいます．いい名前でしょう！

図4.1を見てください．左端のAから出発して右端のIへ行こうと思います．途中にB～Hまで7カ所の分岐点があり，分岐点を結ぶルート上の数字は所要時間を示しています．AからIまでいちばん早く移動できるルートを見つけてください．

この問題の特徴は，最適解を追究するための決心が多段階であることです．出発点AではBに向かうかCに向かうかの二者択一が迫られ，かりにB点に着いたとすると，そこでは出発方向をC, D,

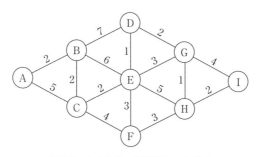

図4.1　AからIへの最短ルートは？

Eの3つのうちから選ばなければなりません．こうして最小でも4回，最大では8回*もの決心が必要になります．つぎつぎと決心を積み重ねていく有様が，いかにも動的なのが動的計画法といわれるゆえんです．これに対して，線形計画法は全体を通じて1回の最適化ですから，静的な手法と言えるかもしれません．

　図4.1の問題に戻りましょう．A点に立って出発方向を決めるときにBまでは2時間，Cまでは5時間かかるから，とりあえずは近いほうのBに向かって出発しようという選択は，いつも正しいとは限りません．その証拠に，図4.1を見ていただくとわかるように，Cに行く場合でも，AからCに直行するよりも，AからBを経由してCに行くほうが早いではありませんか．

　こういうわけですから，A点で第1段階の決心をするときにI点までのすべてのルートを見通してから第一歩を踏み出さなければならないのですが，これはたいへんです．AからIまでのルートは，たんねんに調べてみると64とおりもあるのですが，それらの全部について所要時間を求めて比較してみてからでないと，第一歩が踏み出せないのです．

　そこで，動的計画法の思想，いままでのことはさておき，これからのことに最善を尽くそう，に立ち戻ります．具体的には，つぎのとおりです．

---

* 図4.1のAからIへのルートでもっとも多くの分岐点を通るのは，たとえば，A–B–C–F–E–D–G–H–Iなどのようにすべての分岐点を総なめするルートですから，8回の決心が必要になります．なお，いうまでもないことですが，同じ分岐点を2回以上通ることはありません．2回以上も通るくらいなら，1回めのときに正しい方向に踏み出しているのが最短コースであるはずだから，です．

最短のルートを求める

終着点Iのほうから思考の糸をたぐります．図4.2をごらんください．いちばん上のネットワークは図4.1と同じです．終着点Iに到達するためには，必ずGかHかを通らなければなりません．そこで，まずG点に立っていると思っていただくのです．G点に立つまでにはいくつかの分岐点を通過してきたのですが，それが最善のルートであったか否かはさておき，GからIへの最短のルートを探してください．GからIへ行くには，直行するルートとHを経て行くルートの2つがありますが*

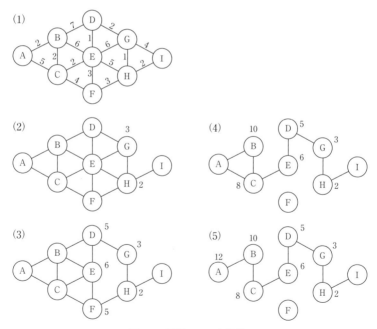

図4.2 最短ルートを発見

4. 動的計画法

$$G \xrightarrow{4} I \quad \text{は 4 時間}$$
$$G \xrightarrow{1} H \xrightarrow{2} I \quad \text{は 3 時間}$$

ですから, G-H-I のルートのほうが優れています. つぎに, H 点に立っている場合はどうでしょうか.

$$H \xrightarrow{2} I \quad \text{は 2 時間}$$
$$H \xrightarrow{1} G \xrightarrow{4} I \quad \text{は 5 時間}$$

ですから, H-I の直行ルートの勝ちです. すなわち, 終着点 I の前の通過点が G であっても H であっても, 最後には H-I のルートを通るのが最善の策であって, G-I のルートは必要がないはずです.

そこで, G-I のルートを消してしまったのが図 4.2 の 2 番めのネットワークです. 別に, G-I のルートを図から消さなくても困らないのですが, 消しておいたほうが考えやすいのです. まえに A から I に至るルートには 64 とおりもあると書きましたが, 問題のネットワークは上下が対称なので, 64 とおりのうち半分の 32 とおりは G-I のルートを通るはずですから, この 32 とおりが一挙に候補から消え去ったことになります.

また, H から I まで 2 時間かかるので, H のわきには 2 と書き, G から I へは H を経由しても 3 時間で行けるので G のわきには 3 と書いておきましょう.

つぎに進みます. G か H に到達するには必ず D か E か F を通ら

---

* G から I へのルートは直行ルートと H を経て行くルートのほかにも G-E-F-H-I とか G-D-B-E-H-I のように, たくさんのルートがあるのではないかとご心配のむきもあるかもしれませんが, だいじょうぶです. これらはすべて H を通過せざるを得ないし, したがって, このあと調べる予定の H-I の直行ルートより遠回りに決まっているのです.

なければなりません．そこで，まずD点に立ち，Dに到達するまでの経緯なんかは気にしないで，Iめざして最善を尽くそうと思います．IにいくにはHを通る必要があることが明らかになっていますから，DからHへのルートを最善にすればいいはずです．DからHへの各ルートの所要時間を調べると

$\quad$ D $\xrightarrow{2}$ G $\xrightarrow{1}$ H $\qquad$ は　3時間

$\quad$ D $\xrightarrow{1}$ E $\xrightarrow{6}$ G $\xrightarrow{1}$ H $\qquad$ は　8時間

$\quad$ D $\xrightarrow{1}$ E $\xrightarrow{5}$ H $\qquad$ は　6時間

$\quad$ D $\xrightarrow{1}$ E $\xrightarrow{3}$ F $\xrightarrow{3}$ H $\qquad$ は　7時間

なので，D–G–Hが最短ルートであることが判明します．同様にして，EからHへは

$\quad$ E $\xrightarrow{1}$ D $\xrightarrow{2}$ G $\xrightarrow{1}$ H $\qquad$ は　4時間

が最短ルートであり，また，FからHへは

$\quad$ F $\xrightarrow{3}$ H $\qquad\qquad\qquad$ は　3時間

の直行ルートが最善であることも，わけなく見破れます．したがって，D–G–H，E–D–G–H，F–Hは今後の検討次第では使われる可能性があるルートであり，この3ルートのどれにも含まれないE–G，E–H，E–Fのルートは使われる可能性がないので，図から消してしまいましょう．それが図4.2の3番目のネットワークです．

ついでに，いや，こちらのほうが本命なのですが，DからGまでは2時間かかりますから，Gの肩にある3に2を加えた5をDの肩に書き加えてください．これは，Dから終着点Iまで5時間が最短時間であることを意味しています．同じように，EからはD–G–Hを経由してIまで6時間，FからはH経由の直行便でIまで

5時間です．

　ここまでくれば作業は終わったも同然です．D，E，F に到着するには B か C を通らなければなりませんから，B と C のそれぞれから H までの各ルートについて時間を比較してみてください．いくつかのルートがすでに消されているので，手数はかなり軽減されます．B からは

$$\left. \begin{array}{l} B \xrightarrow{7} D \xrightarrow{2} G \xrightarrow{1} H \\ B \xrightarrow{6} E \xrightarrow{1} D \xrightarrow{2} G \xrightarrow{1} H \end{array} \right\} \quad \text{ともに} \quad 10 \text{時間}$$

のように引き分けのルートもありますが，いちばん早いのは

$$B \xrightarrow{2} C \xrightarrow{2} E \xrightarrow{1} D \xrightarrow{2} G \xrightarrow{1} H \qquad 8 \text{時間}$$

であることがすぐわかりますし，また，C からは

$$C \xrightarrow{2} E \xrightarrow{1} D \xrightarrow{2} G \xrightarrow{1} H \qquad\qquad 6 \text{時間}$$

が最短ルートであることを知るのも朝めしまえです．では，この 2 つのルートに無関係なルートを消してしまいましょう．こうして図 4.2 の 4 番めのネットワークができ上がります．C から E へは 2 時間なので C のわきには 8，B から C へも 2 時間なので B の上には 10 と記入しておきました．

　最後の瞬間が参りました．A から C へ行くには直行よりも B を経由するほうが早いことがいちばん上の図に書き込まれた所要時間から明らかですから，A–C のルートが消されて全ルートが確定します．そして，出発点 A から終着点 I までの所要時間は 12 時間……，これが，この問題に対する最適解であります．*

　＊　A から I への最短ルートは，同時に I から A への最短ルートであるはずです．したがって，I を出発点，A を終着点とみなして図 4.2 と同様の手順を踏めば，同じ最適解が見つかります．ご用とお急ぎのない方は，やってみてください．

最適解を追究する過程を振りかえってみましょうか．まず，終着点Ⅰにいちばん近い分岐点に立って，そこから終着点までのルートを最適化し，つぎにその一歩手前の分岐点から先を最適化し，さらにまた一歩手前の……とつづけて，ついに全体の最適化に成功したのでした．最終目標の手前から順に最善を積み重ねていけば，全体としても最善になるにちがいないという動的計画法の思想が，まさに具現化されているのでした．

確率的な現象でも

人生はすべてゲーム，と私は思っています．いや，思うように努めています．ゲームに参加している以上，勝つ努力をするのはあたりまえ，しかし，たかがゲームだから，勝者になったからといって思い上がるのは見苦しいし，敗者になっても世をはかなむほどのことはない，ゲームだからルールはきちんと守っていこう，そう思っているのです．

そこで，人生にもっともよく似ているスゴロクを題材にとり上げることにしました．もちろん動的計画法の題材なので，ルールはかなり変則的で，つぎのとおりです．

スタート地点から駒を動かして「上り」に向かうところはふつうのスゴロクと同じですが，サイコロではなく百円玉を使います．ただし，百円玉を1つだけ投げるか2つ投げるか，あるいは3つ投げるかはプレーヤーの自由です．そして，百円玉の表が現れた数だけ駒を前進または後退させることができます．4回のプレーが終わったところで，スタートから6番めにある「上り」のいちばん近くに

スゴロクに付き合ってください

駒を運んだプレーヤーを勝ちとします．このルールに従って，最良の作戦を考えてください．

この作戦をスタートのほうから考えはじめたら，たいへんです．スタート地点のプレーでは百円玉の数に3とおりの選択があり，現れる表の数は百円玉を1つだけ投げたときに0か1，2つ投げると0か1か2，3つ投げると0か1か2か3です．おまけに，その確率は全部が等しくはありません．その結果として到着した第2の地点でも同様であるうえに，駒を後退させるという選択も加わるので，まさに前途遼遠です．

そこで，前節の例にならって「上り」のほうから解決の糸を手繰ることにしましょう．与えられた4回のプレーのうち3回のプレーが終わった段階で，駒はスタート地点から⑨までのどこかにあります．3回のプレーをめいっぱいにがんばったとしても⑨を越すこと

はありませんから，⑨までを考えればじゅうぶんです．

まず，⑥に駒があったらどうでしょうか．⑥は「上り」ですから，もう動きたくはありません．動けば動くほど「上り」から離れてしまい，離れた区間の数で減点を表わすなら減点がふえるばかりです．しかし，パスは許されませんから，被害を最小に留めるために百円玉は1つだけ振ることになります．その結果，うまいぐあいに表が出なければ⑥に留まれるので減点は0ですが，表が出てしまうと1つだけ動くはめになり減点は1です．そして，表が出る確率は1/2ですから，駒が⑥にあって百円玉1つを投げたときの点数の期待値*は

$$0 \times \frac{1}{2} + \left(-1 \times \frac{1}{2}\right) = -\frac{1}{2} = -0.5 \tag{4.1}$$

となります．つまり，駒が⑥にあるときに百円玉を1つ投げるという試行をなんべんも繰り返すと，駒の位置は⑥に留まるのと1区間だけ離れてしまうのとが五分五分なので，平均してみれば0.5区間だけ離れていて，点数でいうなら「−0.5」というわけです．この計算過程を整理したのが表4.1で，「駒の位置」が⑥となっている欄です．

---

* ある事象が起こる確率とその事象が起こったときの利得の積を**期待値**といいます．いうなれば，確率的な現象について1回あたりの平均的な稼ぎのことです．詳しくは『確率のはなし(改訂版)』の第Ⅶ章を見ていただけると幸いです．
** 駒が⑤か⑦にあるときに3つの百円玉を振ると⑥を2区間も通りすぎてしまう可能性さえあり，百円玉を1つ，または2つ振る作戦に較べて明らかに劣るので除外しました．駒が⑥にあるときに2つ，または3つの百円玉を振る作戦を除外したのも理由は同じです．

4. 動的計画法

表 4.1　4 回目のプレーの選択

駒の位置	百円玉	表	確率	減点	点数の期待値
⑥	1	0	1/2	0	−0.5
		1	1/2	1	
⑤　⑦	1	0	1/2	1	−0.5
		1	1/2	0	
	2	0	1/4	1	−0.5
		1	1/2	0	
		2	1/4	1	
④　⑧	1	0	1/2	2	−1.5
		1	1/2	1	
	2	0	1/4	2	−1.0
		1	1/2	1	
		2	1/4	0	
	3	0	1/8	2	−0.75
		1	3/8	1	
		2	3/8	0	
		3	1/8	1	
③　⑨	3	0	1/8	3	−1.5
		1	3/8	2	
		2	3/8	1	
		3	1/8	0	

　つぎに，3 回めまでのプレーの結果，駒が⑤か⑦にきている場合について考えます．あと「上り」の⑥まで 1 区間ですから，百円玉を 3 つも振る必要はないでしょう．** そこで，百円玉を 1 つ振る場合と，2 つ振る場合とに分けて，4 回のプレーが終わった時点での期待値を計算してみます．計算結果は，表 4.1 で駒の位置が⑤⑦となっている欄のとおりで，百円玉を 1 つだけ振っても 2 つ振っても

期待値は同じなのですが，計算過程は，2つの百円玉を振る場合を例にとるとつぎのとおりです．

2つとも表にならない確率は1/4であり，そのときは⑥から1区間離れた⑤か⑦に居すわってしまうので減点は1，表がうまいあんばいに1つだけ出る確率は1/2で，そのときはぴたりと「上り」で減点0，2つとも表になってしまう確率は1/4で，そうすると⑥を1区間だけ通り越してしまい減点は1，したがって，成績の期待値は

$$(-1) \times \frac{1}{4} + 0 \times \frac{1}{2} + (-1) \times \frac{1}{4} = -0.5 \tag{4.2}$$

というぐあいです．申しおくれましたが，表の数だけ駒を動かすとき，わざわざ⑥から遠ざかるようなバカなまねをしないことは，言うまでもありません．

同じように，3回のプレーの結果，駒が④か⑧にきている場合についても検討してください．⑥まであと2区間もありますから，こんどは百円玉を3つ振る作戦についても調べておく必要があります．いままでと同じ手順で期待値を計算した結果は表4.1の④⑧欄のとおりです．百円玉1つ投げたとき，2つのとき，3つのときの期待値を較べてみると，3つ投げたときの減点がいちばん小さいので，④か⑧に駒がきているなら百円玉は3つ投げるのが最良の作戦，ということがわかります．

3回のプレーの結果，駒が③や⑨にあるなら，まだ⑥まで3区間も残っていますから，百円玉は3つ投げるに決まっています．そこで，3つ投げたときの期待値を計算してみると表4.1のように「-1.5」となり，ほかの検討結果に較べて成績不良です．

3回のプレーの結果が②や①や，最悪の場合はスタート地点に止まっていることも可能性としてはありますが，その場合には最後のプレーは3つの百円玉を振る以外に策もないので，表4.1の検討からは除外してもいいでしょう．

では，表4.1を見てみましょう．3回のプレーのあと駒が⑥にきていれば最後のプレーは百円玉を1つだけ振ることになるし，また，⑤か⑦かにきていれば百円玉を1つだけ振っても2つ振ってもかまいませんが，スゴロクの成績の期待値はみな同じで，これらの場合がもっとも優れた成績が期待できます．したがって，スゴロクに臨む作戦としては，3回のプレーで駒を⑤か⑥か⑦かに進めることが肝腎，という結論になります．そして，もしも④か⑧に止まってしまっていたら，百円玉3つで最後の挑戦をするのが最善の策です．

これで3回のプレーの結果に対する要求がはっきりしてきました．この要求をもとに3回めのプレーについての作戦を立てましょう．2回めのプレーの結果として駒のある位置はスタートの地点から⑥までのどこかです．

⑥にあるときは，百円玉を1つだけ振れば結果のいかんにかかわらず⑤，⑥，⑦のいずれかに留まっていられるから減点の追加なし．

⑤にあるときは，百円玉を1つ振っても2つ振っても必ず⑤，⑥，⑦のいずれかに留まるから減点の追加なし．

④にあるときは，百円玉を3つ振って運悪く1つも表が出ないときだけ④に留まるけれど，それ以外は⑤か⑥か⑦へ進めるから，減点の追加は

$$(-1) \times \frac{1}{8} = -0.125 \tag{4.3}$$

ですむ.

③よりスタート側にあるときには,3つの百円玉を振って,表がたくさん出るようにと神に祈るほかなし…….

という次第ですから,スゴロクに臨む作戦としては2回のプレーで駒を⑤か⑥に進めるよう努力する必要があります.そして,2回のプレーで⑤か⑥へ進むことを期待するなら,2回とも百円玉を3つ振らなければなりません.

これで,スゴロクに臨む作戦の全容が明らかになりました.スタートのほうから整理してみると,つぎのようになります.

1回め,2回めとも3つの百円玉を振る.3回めは,④以下に駒が止まっているときは3つ,⑤にきていれば1つでも2つでも,⑥まで進んでいれば1つの百円玉を振る.4回めは,駒が④以下にあれば3つ,⑤か⑦にあれば1つでも2つでも,⑥にあるときには1つの百円玉を振る……,これが私たちのスゴロクゲームを勝ち抜くための必殺技です.

相手がいても

動的計画法の具体例として,まず,すじみちは確定的であっても出発点のほうから最適解を探したのでは複雑すぎて手に余るような問題を,DPの精神にのっとり終着点のほうから解きほぐすことによって最短ルートを見つけてみました.つぎには,すじ道が偶然に左右される確率的な場合についても,同じようにして最適の作戦を

求めてみたのでした．こんどは，敵がある場合について DP を応用してみたいと思います．

題材は石取りゲームです．石取りゲームにはいろいろな種類があり，話が具体的でおもしろいし，数学的な演算にもなじみやすいのですが，ここではもっとも簡単な石取りゲームを使います．[*] 碁石かなにかを山に積んでおき，交互に 1 個か 2 個の碁石を取り去り，最後の 1 個を取るはめになったほうが負け，というやつです．

20 個を越すような碁石が積み上げられていると，石の数はかぞえられるものではありませんが，10 数個に減ってくればなんとか石の数が読みとれますから，このあたりから相手に最後の 1 個を取らせるための作戦を立てなければなりません．たとえば，16 個であることが読みとれたとして，どうすれば相手に最後の 1 個を取らせることができるでしょうか．

16 個から交互に 1 個か 2 個を取り去って最後の 1 個を残す石の取り方には 16,384[**] とおりもありますから，これを全部調べ上げて作戦をたてるとなると頭が痛くなりそうです．さらに，15 個なら，14 個なら……など，もう不可能と言っていいでしょう．

そこで，DP の精神です．最後のほうから最適，つまり必勝の手を見つけていきましょう．図 4.3 を見ながら，ちょっとした頭の体

---

[*] 石取りゲームをはじめゲームを数学的に扱った書籍として，秋山仁，中村義作著『ゲームにひそむ数理』(森北出版，1998) などがあります．

[**] 15 個の碁石を取りきるためには，(1 個 × 1 回 + 2 個 × 7 回)，(1 × 3 + 2 × 6)，……，(1 × 15 + 2 × 0) の 8 とおりの取り方があり，それぞれ 1 個をどこで取るかの変化がありますから，総計すると

$${}_{15}C_1 + {}_{15}C_3 + \cdots\cdots + {}_{15}C_{13} + {}_{15}C_{15} = 16{,}384 \text{ とおり}$$

となります．

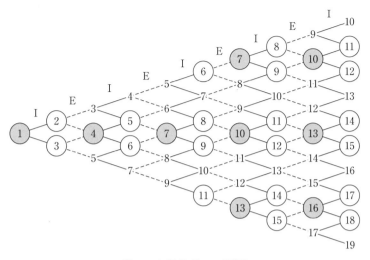

図 4.3 石取りゲーム必勝法

操に付き合ってください．

　相手に最後の 1 個を取らせるためには，私が石を取ったあとに 1 個だけ残せばいいはずです．それが図 4.3 の左端の①です．○で囲ってあるのは私が勝てる状態を示しています．そして，薄ずみを塗ってあるのは私の意志で作り出したことを意味しています．図の上辺に書いてある I (私) は，私が石を取る番であることを表わしているし，E (enemy, 敵) は相手が石を取るばんです．I のプレーによる個数の推移は実線で，E のプレーによるものは点線で結んでおきました．実際の競技は図 4.3 の右から左へと流れるのですが，思考のほうは左から右へと流します．これぞ，DP 精神です．

　私が石を取ったあとに 1 個だけ残せるのは，相手が石を 2 個か 3 個残してくれた場合に限ります．また，相手が 2 個か 3 個の石を残

してくれれば，私がプレーを間違えない限り1個の石を相手の敗北のためにプレゼントすることができます．3個残されていれば2個取り去ればいいし，2個残っているなら1個だけ取り除けばいいからです．E(敵)がプレーしたあとの2と3には，私の勝ちを保証する〇がついています．

では，その前のI(私)のプレーについて考えてください．Eがプレーしたあとに2個か3個の石が残るのは，Iのプレー後に3個か4個か5個の石が残る場合だけです．このうち，3個を残せばEは2個を取り除いてIに最後の1個を取らせるでしょう．Iの敗北です．4個残してやれば図のようにEのプレー後には必ず2個か3個の石が残りますから，私の勝利です．Iが5個残してはダメです．Eは1個を取り除いて4個にしてしまうでしょう．Iのプレー後の4個がIの勝利を約束したように，Eのプレー後の4個はEの勝利，つまりIの敗北を約束してしまうにちがいありません．こうして，図4.3の左から3列めでは，4だけに〇がつき，薄ずみが施されます．

思考をつづけます．Iが4個にしてしまうためには，Eのプレー後に5個か6個の石が残っていなければなりません．Eに5個か6個かを残させるためには，その前のIのプレーで7個にしておけばいいはずです．したがってIのプレーで7個を残すことはIにとっての必勝の手です．

このような考え方をつぎつぎに図4.3の右のほうへと展開していってください．図4.3のようになるはずです．この図の中から自分の意志で作り出せる必勝の手を選び出すと，

   1, 4, 7, 10, 13

となっています．これは，第1項を1とした公差3の等差数列です．

このあとは，きっと

  16, 19, 22, 25, ……

と続くにちがいありません．この数列は一般的に書くと

  $3n + 1$ ただし，n は 0 および正の整数 (4.4)

です．したがって，石取りゲームの必勝法は，石の山がだんだん小さくなり石の数をかぞえられそうになったら，なるべく早く石の数を読みとり，自分のプレーをしたあとに $(3n + 1)$ 個の石を残す，その後も常に $(3n + 1)$ 個の石を残すようにプレーをする……となりました．*

実際には，このような必勝法を知っている人はほとんどなく，石の数が 10 個くらいに減ってから，自分がこう取ると，相手はこう取り，そしたら自分が……などと考えはじめるのがふつうです．10 個から交互に 1 個か 2 個を取り除いて最後の 1 個を残す石の取り方でさえ 256 とおりもありますから，このあたりで必勝法に気がつく人はほとんどいないでしょう．ですから，16, 13, 10, 7, 4 と知ってさえいれば，まず勝利を逃すことはありません．おおいに試してみてください．

これで動的計画法に関する具体例のご紹介を終わりますが，最後

---

* $(3n + 1)$ 個の石を残すのが必勝法であることは，数学的帰納法によっても証明できます．まず，$n = 0$ は 1 個の石が残ることを意味するからゲームのルールにより必勝手です．つぎに，$(3n + 1)$ 個が必勝手であると仮定すれば，それより 3 個多い $\{3(n + 1) + 1\}$ 個は必勝手です．なぜなら，$\{3(n + 1) + 1\}$ 個から敵が 1 個とればこちらは 2 個，敵が 2 個とればこちらが 1 個とることによって必勝手 $(3n + 1)$ 個にすることが必ずできるからです．なお，数学的帰納法については『数のはなし』，43 ページをごらんください．

4. 動的計画法　　　*111*

に現実の実用例をひとつだけ披露させていただきます．ぶっそうな話で恐縮ですが，近代の宇宙兵器にはおそろしいほどの精度が要求されます．それは，たとえば東京スカイツリーの上から神戸あたりにある百円玉を射ち抜くほどの精度なのです．東京スカイツリーから神戸の百円玉を狙い撃ちするなど，とても信じられないではありませんか．

けれどもよく考えてみると，「JR神戸駅の駅長さんの机の上に百円玉が置いてあるからそれに触って来い」と東京で指示されたとしても，旅費と時間とその気さえあれば，たいていの方にはできそうです．東京からはとても見えるはずもない目標に，どうして到達できるのでしょうか．

こういうときの思考パターンは動的計画法とよく似ていると，私は思います．百円玉に触れるためには駅長さんの机に近寄る必要がある，そのためには駅長室に入らなくては，そのためには神戸駅

へ，そのためには東京駅から新幹線で，そのためには東京駅へというように，です．

宇宙兵器が東京スカイツリーから神戸の百円玉を射し抜くためには，多段階での最適化を繰り返す動的計画法が利用されていることを申し添えて，この章を終わりましょう．

あ，最後のしめを忘れるところでした．DP 精神のよりどころは**最適性の原理**と呼ばれていますので，それをご紹介して最後のしめといたします．

「決定の全系列にわたり最適化を行なうには，ある段階での決定がどうあろうとも，その決定から生ずる状態に関して残りの段階での決定が最適決定でなければならない．」[*]

---

[*] 最適性の原理については，JIS Z 8121「オペレーションズリサーチ用語」から引用しました．

5. 待ち行列と在庫管理

待ち行列に参加して

こんどは行列の話です．前章までになんべんか，縦と横に並んだ数字のグループを行列といい，横方向の並びを行，縦方向の並びを列というなどと書いてきましたが，こんどは数字の行列ではなく，正真正銘の社会現象としての**行列**です．*

私たちは毎日のように待ち行列に付き合わされています．キップを買うとき，電車に乗るとき，スーパーやコンビニのレジの前で，さらにはゲームソフトの発売待ちや航空便の離陸待ちまで，さまざまな行列で世の中の秩序を保っています．あまり長い行列に並ばされるのは迷惑千万ですが，新興国と言われる国や地域では，並ぶことを知らない人たちが少なくないと言われます．そのため，人数の調査や配給にも困ることがあると聞きます．なるほど，近ごろ，並

---

* 縦と横に並んだ数字の行列はmatrix，社会生活の中の行列はqueue (kju:)といいます．queue のほうは待ち行列といわれることも少なくありません．

ばない方をよく見かけるようになりました．ほどほどの待ち行列は，文明の証として評価していいのかもしれません．

キップの自動販売機やスーパーマーケットのレジになん本もの行列ができているとき，どの行列のあとにつこうかと迷いますが，まずはいちばん短い列に並ぶのが自然でしょう．しかしよく観察してみると，列が短ければ自分の番が早く来るというほど単純ではなさそうです．お金やカードを出すときにてきぱきと動作の早い客もいれば，ぐずぐずと小銭を探して要領の悪い客もいるし，ベテランのレジ係と新人のレジ係では差が出るし，もちろん，それぞれの客の買い物かごに入っている量によって，行列の進み方が数倍もちがうことは珍しくありません．そこで生活の智恵としては，買い物ではおばちゃんの多い列は敬遠する，トイレではおじいちゃんのいない列を選ぶ，キップの自販機は子ども連れの少ない列へ，エトセトラエトセトラとなります．

ところで，あなたが勤務しているフロアのトイレが故障していると思っていただきましょう．1階下のフロアには20人が勤務していてトイレが1つだけあります．また，1階上のフロアには40人が勤務しているのですがトイレが2つ並んでいます．1人あたりのトイレの数は同じなのですが，どちらのフロアに行くほうが，トイレで待たされる確率が少ないでしょうか．

答は簡単です．1人あたりのトイレの数が同じであっても，20人に1つよりは40人に2つのほうが待たされる危険が少ないのです．なぜかというと，つぎのとおりです．いま，40人に2つのトイレを持つフロアを2つのグループに分けて，それぞれ20人のグループに1つずつのトイレを割り当てたと思ってください．そうする

と，トイレ待ちの条件は20人に1つのトイレを持つフロアとまったく同じになります．この場合には，自分のグループに割り当てられた1つのトイレが使用中なら，隣のトイレが空いていても使ってはいけないのです．

では，自分のグループのトイレが使用中のときに，隣のトイレが空いていればそれを使ってもいいことにしたらどうでしょうか．トイレ待ちの確率は減るにちがいありません．これは40人に2つのトイレを持つフロアと同じ条件です．したがって，20人に1つのトイレよりは40人に2つのトイレのほうが待たされる危険が少ないという理屈になります．

いや，2つのグループが互いにトイレを融通し合うことにすると確かに隣のトイレを借りることはできるけれど，隣のグループの人がこちらのトイレを使うこともあるから，トイレ待ちの危険は改善されないのではないかと思われる方がいるかもしれません．なるほど，トイレが常に使用中であるような状態なら，融通し合おうとし合うまいとトイレが満員であることに変わりはありませんから，改善の余地はありません．しかし，トイレがよく空いているようなら，どうせ空いているこちらのトイレを隣りに貸す代償として隣のトイレを借りることになるわけですから，20人に1つよりは40人に2つのほうが有利になる理屈です．

どうやら人の世は，心広く助け合えば結局は互いに得をするようにできているみたい……．

では，20人に1つのトイレと較べて，40人に2つのトイレはどのくらいトイレ待ちの確率が減るのでしょうか．ごく簡単な場合について調べてみると，つぎのとおりです．

ふつうの男性がどのくらいのひん度で小用に立ち，どれだけの時間をかけるのか調べたことはありませんが，100分ごとに1分間だけトイレを占有すると仮定しましょう．* そうすると，20人で1つのトイレを使っているフロアでは，トイレが

空いている確率	82%
1人が使用中の確率	16%
1人が使用中で，1人が待っている確率	2%

くらいですから，すぐにトイレが使える確率が82%，待たされる確率が18%ということになります．

これに対して，40人に2つのトイレがあるフロアでは

2つとも空いている確率	67%
1つが使用中で，1つが空いている確率	27%
2人で2つを使っている確率	5%
2つとも使用中で，1人が待っている確率	1%

くらいなので，待たずにトイレが使える確率は 67 + 27 = 94%，待たされる確率は僅かに6%になります．** 20人で1つの場合と比較すると，差が歴然としているではありませんか．ついでに，60人で3つのトイレを使う場合についても計算してみると，トイレ待ちの確率はたったの2%に減少してしまうことがわかります．

トイレを例題に使ったりして，失礼いたしました．一般に，客が

---

* この節の計算法では，100分ごとに1分でも，200分ごとに2分でも同じ結果になります．「小便1町くそ1里」という品の悪いことわざがありますが，歩いて旅をしているとき小用をすると仲間から1町(109m)も遅れてしまうそうですから，小用に要する時間は1.3分くらいかな．

** トイレの使用状況の確率は，ポアソン分布で近似して計算してあります．その細部は251ページの付録(2)にゆずります．

窓口にきてサービスを受けるとき，どのように行列の長さが変化し，平均的な待ち時間はどのくらいなのか，などを検討する理論を**待ち行列理論**(queueing theory)といいます．この節の例のように，行列ができるというよりは待たずにすむ確率のほうに関心があることも多いので，**待ち合せ理論**といわれることも少なくありません．節を改めて，この理論の玄関口を覗いてみようと思います．

待ち行列のモデルを作る

　前節では，20人とか40人とかがトイレに立つタイミングはランダム*であるとして取り扱いましたが，トイレの占有時間はすべて1分と決めていました．しかし，トイレの占有にはかなりの個人差があります．一般に若者は排泄の勢いがよく，年をとるにつれて前立腺の影響などから時間のかかる人が多くなり，それがトイレではおじいちゃんのいない列にという生活の知恵になるのですが，理由はともあれ，全員が画一的に1分というわけにはいきません．そんなこんなで，待ち行列理論を展開するためのモデルでは，少なくともつぎの4つの性質を確定しておく必要があります．

(1)　客の到着のしかた
(2)　サービスに要する時間
(3)　窓口の数
(4)　待ち行列のルール

---

*　ランダムはで・ら・め，または無作為と訳します．人間の意思とは係りなく偶発的という意味であり，人間が作為した「むちゃくちゃ」や「でたらめ」ではありません．

このうち,「窓口の数」については,とくに補足することはありません.また,「待ち行列のルール」は,先着順に窓口が空き次第サービスを受ける,待っているのがいやになって途中で帰ってしまうことはない,客が種切れになったり行列が並びきれなくなるなどの余計な心配はしなくてもいい,としましょう.＊ やっかいなのは「客の到着のしかた」と「サービスに要する時間」です.

「客の到着のしかた」にはいろいろなタイプが考えられますが,ここでは,客は予約したり仲間どうしで誘い合ったりせずに,各人がランダムに到着するとしましょう.ただし,ラッシュ時間とすき時間のようなむらはなく,一定の確率で客が到着すると考えるのです.客のこのような到着のしかたは**ポアソン到着**または**ランダム到着**といわれます.比較的短い時間,たとえば1分ごとに到着した客の数をかぞえると,0人であることが多く,1人だけ到着することも,まれに2人や3人が到着することがあるなど,到着する客の数がポアソン分布に従うからです.ポアソン到着の特徴は,ある客が到着してからつぎの客が到着するまでの時間が指数分布をすることです.

つぎには「サービスに要する時間」です.これは,待ち行列理論では**サービス時間**と通称されています.このサービス時間は指数分布に従うと仮定しましょう.図5.1は,サービス時間の平均値を1分としたときのサービス時間の分布です.ごく短時間でサービスが完了する場合が多いが,いくらか長めのサービス時間を要すること

＊ 「待ち行列のルール」については,余計な心配をしながらの各種の理論も研究されていて,たとえば,川島幸之助監修『待ち行列理論の基礎と応用』(共立出版, 2014)などに紹介されています.

もあり，ときには，とんでもなく長い時間がかかることもある，と図5.1を見てください．

サービス時間についてのこのようなモデルが現実の社会現象をうまく模擬して

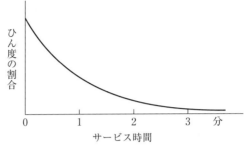

図 5.1 サービス時間の分布

いるのだろうかと疑問に思われる方があるかもしれません．確かに，自動販売機ではお金を投入してから商品が出るまで数秒はかかるし，いくら威勢のいい若者でも数秒で小用は終わりはしませんから，サービス時間がゼロに近いことのほうが多いという指数分布で社会現象を表わすのは，ゼロに近い部分に無理があることは事実でしょう．

けれども，いまでは見かけなくなりましたが，公衆電話の列などは最たるもので，通話内容は「いまから帰るぞ」，「なにかある？」などの短いものが多く，料金との兼ね合いもあるとは思いますが，ほとんどの電話は3分以内だといいます．にもかかわらず，やたらと長電話が目につくように感じるのは，電話を占領している時間が長いぶん，それにぶつかる機会が多いからかもしれません．駅の自動券売機では，不慣れでもたもたしたり，財布の隅っこからちまちまと小銭を探したりして長い時間をかける客に較べて，要領よく短時間でキップを買い求める客のほうがずっと多いようですし，また，病院でも，長く待たされたのに診察はあっという間に終わって

しまったなどという不満も耳にしますから，サービス時間はやはり短いことのほうが多いのでしょう．

このように，多少の無理に目をつぶって大局的に見るなら，社会現象のサービス時間は指数分布でかなりよく近似できることが経験的に知られています．*

なお，サービス時間が指数分布に従うとするなら，比較的短い時間，たとえば1分ごとの区切りの中で，サービスが完了して客が立ち去る件数はポアソン分布にしたがいます．これは，比較的短い時間内に到着する客の数がポアソン分布に従うなら，客の到着間隔が指数分布に従うという理屈の裏返しです．

これで待ち行列の理論を語るためのモデル作りが完了しました．すなわち，客の到着のしかたはポアソン到着，サービス時間の分布は指数分布，窓口は1つ，2つ，3つなど，待ち行列のルールはむずかしいこと考えっこなし，というわけです．これが待ち行列理論のもっとも基礎的で標準的なモデルです．

待ち行列の式をころがす

待ち行列の性質について調べていきます．式の運算は加減乗除だけですからむずかしくはありませんが，思考や計算の過程はどうでもいいから結果だけを知りたいという方は，この節を飛ばして126ページからの次節へ進んでください．

---

* 多少の無理に目をつぶるのがいやな方のためには，指数分布よりも社会現象を正確に模擬できるアーラン分布がおすすめできます．118ページ脚注の文献を参照……．

5. 待ち行列と在庫管理

単位時間あたりの客の平均到着数を λ (ラムダ) と書き，これを**到着率**と呼びましょう．同様に，単位時間あたりの平均サービス数を μ (ミュー) と書き，**サービス率**と呼びます．単位時間という漠然とした表現が気に入らない方は，1 時間とか 1 分とかの具体的な値を脳裏に描いてください．かりに 1 時間を単位時間とすれば，λ や μ の値は 1 時間あたりなん人と表わされることになります．また，$1/\lambda$ は客の到着間隔の平均値，$1/\mu$ はサービスに要する時間の平均値になることも念頭においてください．

それから，どっちみちあとで必要なので

$$\rho = \frac{\lambda}{\mu} \tag{5.1}$$

という ρ (ロー) を考えます．これは，**トラフィック密度**(**呼量**あるいは**交通密度**ともいう)といわれる値ですが，OR 屋どうしの会話ではローのほうが通りがいいようです．λ と μ と ρ，この 3 つを使って待ち行列のさまざまな性質を表わしてしまうつもりなのです．*

まず，窓口が 1 つの場合から始めましょう．窓口では 1 人しかサービスを受けられないので，それ以外の客は行列を作って待つことになりますが，これからさき行列の客の数という場合には，サービスを受けている客を含めた数をいうことにします．また，窓口の始業時にはあらかじめ大勢の客が来て待っていることもあるし，逆

---

* λ は l に，μ は m に，ρ は r に相当するギリシア文字です．このようなややこしい文字はあまり使いたくありませんが，他の文献と照合するときの便利のために，あえて使わせていただきました．また，つぎのページに出てくる ε は e に当ります．

に始業後にだんだんと列ができることもありますが，私たちの待ち行列理論では，客の到着とサービスの消化とがバランスして行列が安定している状態について考察します．

行列が安定するためには

$$\lambda < \mu \tag{5.2}$$

である必要があります．つまり

$$\rho < 1 \tag{5.3}$$

でなければなりません．もし，客の到着率 λ のほうがサービス率 μ より大きいなら，サービス窓口で消化できる客の数よりつぎつぎと到着する客のほうが多いのですから，行列は伸びるいっぽうとなり，安定した状態になるはずがありません．

客の到着のしかたや去り方を観察するために単位時間を N 等分し，1区間の時間の幅を ε（イプシロン）にします．N をぐんぐん大きくすれば ε はどんどん小さくなり，ε の間に2人以上の客が到着

する確率は無視できるようになるはずです．そうすると，客の到着率がλなら，N個の区間のうちλ個の区間では客が1人だけ到着し，$N-\lambda$個の区間では客の到着はない理屈です．

同じように，サービス率がμであれば，N個の区間のうちμ個の区間ではある客へのサービスが終了してその客が立ち去り，$N-\mu$個の区間ではサービス終了が起こらないと考えられます．また，同じ区間内に客の到着とサービスの終了の両方が起こる確率は，同じ区間に2人の客が到着したり，2人へのサービスが終了するのと同程度の確率ですから，これは無視していいでしょう．この有様を描いたのが図5.2です．

つぎへ進みます．待ち行列の客の数は安定した状態になったあともふえたり減ったりを繰り返しています．そこで，客の数がちょうどn人である確率をP_nと書くことにしましょう．客が1人もいない確率はP_0，1人だけいる確率がP_1，2人の確率がP_2というように，です．そうすると，これらを全部合計した確率は1でなければなりませんから

$$P_0 + P_1 + P_2 + \cdots\cdots + P_n + \cdots\cdots = 1 \tag{5.4}$$

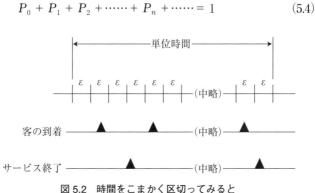

図5.2　時間をこまかく区切ってみると

の関係があるはずです.

ここで,つぎのように考えてください.ある区間の最後の時点で客が1人もいないということは「最後の時点で」を略して書くと

(1) 前の区間で客が1人もおらず,ε の間に客が到着しない場合

(2) 前の区間では1人の客がいたけれど,ε の間にサービスが終了して客が立ち去った場合

のどちらかです.そして,(1)の起こる確率は

$$P_0(1-\lambda\varepsilon) \tag{5.5}$$

（前の区間で客が0の確率／ε の間に客が来ない確率／ε の間に客が来る確率）

であり,(2)が起こる確率は

$$P_1\mu\varepsilon \tag{5.6}$$

です.したがって,ある区間に客がいない確率 P_0 はこれら両方の確率を加えたものですから

$$P_0 = P_0(1-\lambda\varepsilon) + P_1\mu\varepsilon \tag{5.7}$$

が成り立っているにちがいありません.この式を整理してみると,

$$\mu P_1 - \lambda P_0 = 0 \tag{5.8}$$

という関係があることがわかりました.

つぎに,ある区間で n 人の客がいるのはなぜだ,と考えてみてください.それは

(1) 前の区間で n 人の客がいて,ε の間に新しい客も来ないし,サービスが終って立ち去る客もいない場合

(2) 前の区間で $n-1$ 人の客がいて,ε の間に新しい客が来た

5. 待ち行列と在庫管理

場合

(3) 前の区間で $n+1$ 人の客がいて，ε の間にサービスが終わって立ち去った客がいる場合

のいずれかです．そして，(1)が起こる確率は，ε^2 はすごくすごく小さい値なので無視をすると

$$P_n(1-\lambda\varepsilon)(1-\mu\varepsilon) \fallingdotseq P_n\{1-(\lambda+\mu)\varepsilon\} \tag{5.9}$$

となり，(2)が起こる確率は

$$P_{n-1}\lambda\varepsilon(1-\mu\varepsilon) \fallingdotseq P_{n-1}\lambda\varepsilon \tag{5.10}$$

であり，(3)が起こる確率は

$$P_{n+1}(1-\lambda\varepsilon)\mu\varepsilon \fallingdotseq P_{n+1}\mu\varepsilon \tag{5.11}$$

です．したがって，ある区間に n 人の客がいる確率 P_n は

$$P_n = P_n\{1-(\lambda+\mu)\varepsilon\} + P_{n-1}\lambda\varepsilon + P_{n+1}\mu\varepsilon \tag{5.12}$$

であるにちがいありません．この式を整理してみてください．

$$\lambda P_{n-1}(\lambda+\mu)P_n + \mu P_{n+1} = 0 \tag{5.13}$$

という関係を得ます．

さて，式(5.8)では P_0 と P_1 の関係が，また，式(5.13)では P_{n-1} と P_n と P_{n+1} の関係が明らかになりましたし，さらに式(5.4)によってすべての P を加算した総額も決まっていますから，個々の P の値も確定できそうです．

まず，式(5.8)を変形すると

$$P_1 = \frac{\lambda}{\mu}P_0 \tag{5.14}$$

ですが，λ/μ は121ページにある式(5.1)によって ρ でしたから

$$P_1 = \rho P_0 \tag{5.15}$$

となります．つぎに，式(5.13)の n を1としてみてください．

$$\lambda P_0 - (\lambda + \mu)P_1 + \mu P_2 = 0 \tag{5.16}$$

となりますので，これに式(5.15)を代入して整理すると

$$P_2 = \rho^2 P_0$$

であることがわかります．つづいて式(5.13)の n を 2, 3, 4 …… としていけば，いもづる式に

$$P_n = \rho^n P_0 \tag{5.17}$$

であることが判明します．つまり，P_0, P_1, P_2, ……は公比が ρ の等比数列なのです．

ところが，初項が P_0 で公比が ρ の無限の長い等比数列の和，つまり無限等比級数の値は

$$\frac{P_0}{1-\rho} \tag{5.18}$$

であることが知られているし，私たちの場合には

$$P_0 + P_1 + P_2 + \cdots + P_n + \cdots = 1 \qquad (5.4)と同じ$$

という制限がありますから

$$\frac{P_0}{1-\rho} = 1 \tag{5.19}$$

$$\therefore \quad P_0 = 1 - \rho \tag{5.20}$$

でなければなりません．したがって，式(5.17)から

$$P_n = \rho^n (1-\rho) \tag{5.21}$$

ということになります．

待ち行列の性質あれこれ

数式の運算に5ページも使ってしまいました．ごめんなさい．行

5. 待ち行列と在庫管理

列にちょうど n 人の客がいる確率が式(5.21)で求まりましたので、これを利用して待ち行列についての性質をいくつか列挙してみましょう．

$$\text{窓口で待たされない確率 } P_0 = 1 - \rho \tag{5.22}$$

また，待たされる確率は待たない確率を1から引いた値ですから

$$\text{窓口で待たされる確率} = \rho \tag{5.23}$$

です．ρ は λ/μ であり，λ は到着率(単位時間あたりの平均到着客数)，μ はサービス率(単位時間あたりの平均サービス数)でしたから，到着率が大きいほど窓口で待たされる確率が高くなり，サービス率が大きいほどその確率が低くなるという当たりまえのことがわかります．

おもしろいのは，到着率とサービス率が等しいときには待たされる確率が1，つまり必ず待たされることでしょう．それもそのはず，到着率とサービス率が等しいにもかかわらず客が待たされないのは，前の客へのサービスが終わったその瞬間につぎの客が到着するという奇跡がつぎつぎと連続して起こる場合だけであり，そのようなことは望むべくもないからです．

つぎに，待ち行列にいる客の数は平均してなん人でしょうか．もちろん，122ページのイラストのように，サービスを受けている客も含めてです．客が0人の確率は $1-\rho$，客が1人の確率は $\rho(1-\rho)$，2人の確率は $\rho^2(1-\rho)$，……ですから

$$\text{客の平均人数} = (1-\rho)(0 \cdot \rho^0 + 1 \cdot \rho^1 + 2 \cdot \rho^2 + \cdots\cdots)$$

$$= \frac{\rho}{1-\rho} \tag{5.24}*$$

となります．では，サービスを受けている客を除いて待っている客

の平均人数はいくらですか．式(5.24)からサービスを受けている客の数，すなわち1だけ引けばいい，などとおっしゃってはいけません．客の数は0人であったり，1人であったり，2人であったり，もっと多かったりしながら平均が式(5.24)の値になるのですが，これらのすべてから1を引くと，-1であったり，0人であったり，1人であったり，もっと多かったりしなければなりませんが，-1人であることはできませんから，単純に1を引いてはいけないのです．まじめに計算しなくてはなりません．

待っている客が0人なのは客が0人と1人の場合ですから，その確率は$1-\rho$と$\rho(1-\rho)$の合計，待ち客が1人の確率は$\rho^2(1-\rho)$，2人の確率は$\rho^3(1-\rho)$ ……ですから

> 待ち客の平均人数
> $$= (1-\rho)(0 \cdot 1 + 0 \cdot \rho + 1 \cdot \rho^2 + 2 \cdot \rho^3 + \cdots\cdots)$$
> $$= (1-\rho)\rho(\rho + 2\rho^2 + \cdots\cdots)$$
> $$= \frac{\rho^2}{1-\rho} \tag{5.25}$$

となります．

いまかりに，ρを0.5としてみましょうか．つまり，単位時間に消化できるサービス数に対して到着客数が半分だとするのです．そ

---

*　　　　$s = 0 + \rho + 2\rho^2 + 3\rho^3 + 4\rho^4 + \cdots\cdots$　とすると
　　　　$\rho s = \rho^2 + 2\rho^3 + 3\rho^4 + \cdots\cdots$
　　上の式から下の式を引くと
　　　　$(1-\rho)s = \rho + \rho^2 + \rho^3 + \rho^4 \cdots\cdots = \dfrac{\rho}{1-\rho}$
　　　　$\therefore\ s = \dfrac{\rho}{(1-\rho)^2}$

うすると式(5.24)と式(5.25)によって窓口では

　　　客の平均人数　　は　1人

　　　待ち客の平均人数　は　0.5人

ということがわかります．このくらいなら窓口は混雑もなく，サービスをするほうも受けるほうも，にこやかに応対できそうですね．

　図5.3に，ρ の値につれて待ち行列の長さがどのように変わるかをグラフにしておきました．ごらんのように行列の長さに対して ρ が決定的な影響力を持っています．ぜひとも ρ の値が0.8か0.7以下くらいにはなるようにサービスの設計をおねがいしたいものです．

　最後に，待ち時間を求めてみましょう．サービスを受けている時間を含めて行列にいる平均時間を T とすると，この間に平均して λT の客が到着するはずです．そして，その間に自分はどん尻から窓口まで移動して退去するのですから，λT の客数は平均的な行列の長さ，つまり，式(5.24)で求めた客の平均人数に等しいはずです．

　したがって

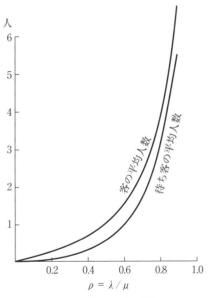

図5.3　待ち行列の長さ

$$\lambda T = \frac{\rho}{1-\rho} \tag{5.26}$$

$$\therefore \quad T = \frac{\rho}{\lambda(1-\rho)} = \frac{1}{\mu - \lambda} \tag{5.27}$$

すなわち

$$\text{所要時間の平均} = \frac{1}{\mu - \lambda} \tag{5.28}$$

と表わされます．そして，このうちサービスを受けている時間は $1/\mu$ ですから，サービスを受けるために待たされる時間は

$$\text{待ち時間の平均} = \frac{1}{\mu - \lambda} - \frac{1}{\mu} = \frac{\rho}{\mu - \lambda} \tag{5.29}$$

です．

これで待ち行列の性質を示す各種の式が出揃いました．ひとつだけ具体例にあてはめてみましょう．窓口が1つしかない有料道路，もちろんETCのない料金所に1分あたり2台の割で車が到着します．料金の支払いに平均24秒かかるとして，料金所の混みぐあいを教えてください

題意によって

$$\lambda = 2/\text{分}$$

$$\mu = \frac{1}{24\text{秒}} = \frac{1}{0.4\text{分}} = 2.5/\text{分}$$

$$\rho = \frac{\lambda}{\mu} = \frac{2}{2.5} = 0.8$$

ですから，これらの値を式(5.22)，(5.24)，(5.25)，(5.28)，(5.29)に代入すると

$$\text{待たずに通過できる確率} = 1 - \rho = 0.2$$

$$待ち行列の平均台数 = \frac{\rho}{1-\rho} = 4\,台$$

$$支払いを待っている平均台数 = \frac{\rho^2}{1-\rho} = 3.2\,台$$

$$所要時間の平均 = \frac{1}{\mu - \lambda} = 2\,分$$

$$待ち時間の平均 = \frac{\rho}{\mu - \lambda} = 1.6\,分$$

であることがわかります．まあ，がまんできる程度の混みぐあいといえるでしょう．ついでですから，料金の支払いに要する時間があと3秒だけふえて，27秒になったらどうなるかを各人で調べてみていただけませんか．たった3秒の影響がずいぶん大きいことに気がつかれるでしょう．そして，もし30秒かかるとしたら……？

窓口が2つ以上なら

またトイレの話で恐縮ですが，外出先のトイレでは女性のほうが難儀をしているように思います．男性用と較べて女性用のほうが占有面積が大きく費用もかかるためか，女性用のトイレの数が少ないうえ，サービス時間の平均値も女性のほうが長いからでしょう．

それにしても，劇場や高速道路サービスエリアなどでは，いつも女性が気の毒です．いまでこそ，個々のトイレのドアの前で並ぶ光景はなくなり，トイレの入り口に1列に並んで先頭の人から空いたトイレに向かうようになったようですが，一時，どちらで並ぶべきか議論になったことがありました．以前の日本では個々のドアの前

に並んでいましたが、外国の影響からか、いまでは1列に並ぶのが大勢のようです.

いずれにしても、この節では窓口が2つ以上の場合について、1列に並んで先頭からの方式を対象にして検討していきます。個々の窓口ごとに行列を作るのでは、窓口ひとつの待ち行列がいくつもある場合と変わりませんから、個々の窓口について前節までの理論を使えばいいはずです。もっとも、現実の社会では、個々の窓口ごとに行列を作っても、客が短い列を選んで並んだり、空いた窓口ができるとそちらへ割り込んだりしたりする人もいるので、個人個人の運不運による快感や嘆きは別として、行列の状態は1列に並んで先頭からの方式とあまり変わらないようですが…….

では、窓口がs個あり、どの窓口のサービス率も同じである場合について考えていきます。考え方や式の運算は窓口が1つの場合とほとんど同じです。ちがう点は、行列にいる客の数がn人から$n-1$人に変化する割合が、nがsよりも小さいか否かによって異なることだけです。客の数が窓口の数よりも多ければサービス終了は窓口の数に比例して起こるのに、客の数が窓口の数より少なくていくつかの窓口が遊んでいるようなら、サービス終了は客の数に比例して起こるはずだからです.

そこで、式の運算は省略して結論だけを書いてしまいましょう.* ただし、前節までのρはλ/μでしたが、こんどは

$$\rho = \frac{\lambda}{s\mu} \tag{5.30}$$

---

* 式の運算については、118ページ脚注の文献を参照してください.

1列に並んで先頭から空いた窓口へ
（複数窓口の待ち行列）

とします．窓口がs個にふえたのでサービスがs倍になったからです．前節の場合にはこのsがちょうど1だったわけですから，この式は前節までの運算と矛盾することはありません．そして，

$$a = \frac{\lambda}{\mu} \tag{5.31}$$

とも書いて，式が簡単になるように好きなほうを使いわけることにしましょう．そうすると客の数が0である確率は

$$P_0 = \frac{1}{\displaystyle\sum_{n=0}^{s-1}\frac{a^n}{n!} + \frac{a^s}{(s-1)!(s-a)}} \tag{5.32}*$$

という，うっとうしい姿で表わされることがわかっています．そし

＊　たとえば，$s = 4$のときには
$$\sum_{n=0}^{s-1}\frac{a^n}{n!} = \frac{a^0}{0!} + \frac{a^1}{1!} + \frac{a^2}{2!} + \frac{a^3}{3!} = \frac{1}{1} + \frac{a}{1} + \frac{a^2}{2} + \frac{a^3}{6}$$

て，この P_0 を使うと

$$\text{窓口で待たされる確率} = \frac{s^s \rho^s}{s!(1-\rho)} P_0 \tag{5.33}$$

$$= \frac{\mu a^s}{(s-1)!(s\mu-\lambda)} P_0 \tag{5.34}$$

窓口で待たされない確率

$$= 1 - \text{窓口で待たされる確率} \tag{5.35}$$

$$\text{待ち客の平均人数} = \frac{s^{s-1} \rho^{s+1}}{(s-1)!(1-\rho)^2} P_0 \tag{5.36}$$

$$= \frac{\lambda \mu a^s}{(s-1)!(s\mu-\lambda)^2} P_0 \tag{5.37}$$

$$\text{客の平均人数} = \text{待ち客の平均人数} + a \tag{5.38}$$

$$\text{待ち時間の平均} = \text{待ち客の平均人数} \times \frac{1}{\lambda} \tag{5.39}$$

$$\text{所要時間の平均} = \text{待ち時間の平均} + \frac{1}{\mu} \tag{5.40}$$

となり，面倒な式だな，と皆をげんなりさせるのです．

けれども，式(5.33)や(5.36)のように ρ を中心としたものと，式(5.34)や(5.37)のように λ と μ を中心としたものの2種類を紹介してありますから，好きなほうを使っていただけばいいし，また，窓口の数 s は，ふつうは数個くらいですから，実際に数値を入れて計算してみると，思ったほどめんどうでもありません．ただ，式(5.32)で表わされる P_0 の計算は少しややこしいので，窓口の数 s が1～5の場合についての P_0 を求め，表5.1に載せておきました．

この章の頭で，20人に1つのトイレよりは40人に2つのトイレ

のほうが，1人あたりのトイレの数が同じであるにもかかわらず，待たされる確率が小さいという話を紹介しました．その理由は，空いているトイレが有効に融通し合えるからでした．ここでも同じ理屈が通用します．その有様を見ていただくために窓口で待たされない確率を式(5.34)と表5.1によって計算し図示したのが図5.4です．

同じ ρ なら，すなわち，窓口1つあたりに到着する客の数が同じなら，窓口の数 s が多いほど待たされない確率が大きくなっている様を見てください．ρ が 0.5 のときを例にとると，窓口が 1, 2, 3, 4, 5 とふえるにしたがって，待たずにサービスを受けられる確率は 50, 67, 76, 80, 82% と高くなっていくのです．うれしいでは

表 5.1　P_0 の値

a \ s	1	2	3	4	5
0.0	1.000	1.000	1.000	1.000	1.000
0.2	0.800	0.818	0.819	0.819	0.819
0.4	0.600	0.667	0.670	0.670	0.670
0.6	0.400	0.538	0.548	0.549	0.549
0.8	0.200	0.429	0.447	0.449	0.449
1.0	0.000	0.333	0.364	0.367	0.368
1.5	——	0.143	0.211	0.221	0.223
2.0	——	0.000	0.111	0.130	0.134
2.5	——	——	0.045	0.074	0.080
3.0	——	——	0.000	0.038	0.047
3.5	——	——	——	0.015	0.026
4.0	——	——	——	0.000	0.013

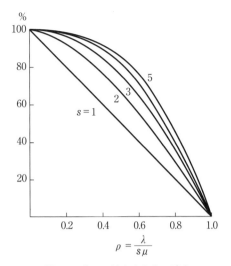

図 5.4 窓口で待たされない確率

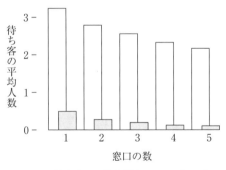

図 5.5 待ち客の平均人数（$\rho = 0.8$ と 0.5）

ありませんか．

図 5.5 は，サービスを受けられずに待っている客の数の平均を式 (5.36) と表 5.1 から求めて図示したものです．高いほうの棒グラフは ρ が 0.8 の場合，低いほうの棒グラフは ρ が 0.5 の場合を表わしていますが，いずれ

も窓口が多いほど低くなっているのがわかります．もっとも，ρ がもっと1に近づいて行列が長くなるにつれて，窓口の多少は行列の長さに影響しなくなってしまいます．窓口が遊ぶ確率がほとんどなくなり，いつもめいっぱい働いているので，せっかく1列に並んで先頭から空いた窓口に向かう方式をとっているのに，ひとつひとつの窓口の前に独立した行列を作る場合と変わらなくなってしまうからです．

在庫管理への誘い

話が変わります．最近の飛行機用エンジンは信頼性が高く，めったに故障などしないのですが，たまに鳥などの異物を吸い込んだりして使えなくなるときがあります．そのために航空会社では予備のエンジンを持っていて，飛行機のエンジンが故障したらすぐに予備のエンジンと交換し，飛行のダイヤを狂わせないよう努力しています．

いまここに，10機の飛行機を運行しているA社と，同じタイプの飛行機を20機運行しているB社とがあり，A社は1台の予備エンジンを，B社は2台の予備エンジンを持っているとします．エンジン不足のために飛べない飛行機が出る確率は，どちらの会社のほうが大きいでしょうか．

20機に予備エンジン2台よりも，10機に予備エンジン1台のほうがエンジン不足で飛行機が飛べなくなる確率が大きいことは，いうに及びません．理屈は，またトイレの例をひいてすみませんが，10人に1個のトイレと20人に2個のトイレの場合と同じです．擬

人化された飛行機がエンジンをもらいにいったところ，先客にエンジンを占有されてしまっていれば飛行不能となる，と考えればいいからです．

このとき，使用された予備エンジンが比較的短い一定期間の後に補充されるなら，この章の頭でのトイレ理論が適用できますし，また，予備エンジンの補充に要する期間が指数分布するなら，117ページ以降の本格的な待ち行列理論が使えることになります．ただし，「サービスを受けている」が「エンジン交換の作業をしてもらっている」ではなく「エンジンの補充を待っている」ということを意味しているし，「サービスを待っている」は「補充のための発注を待っている」ことを意味しています．

飛行機は高価です．その飛行機がエンジン待ちのために寝てしまうようでは大損失ですし，それに運行スケジュールが狂えば多数の客に迷惑をかけて信用も失墜するでしょう．かと言って，エンジンも決して安くはありませんから，たくさんの予備エンジンを抱えておくようなぜいたくは許されません．しかも，エンジンが足りなくなってメーカーに発注したとしても，思いどおりに入手できるとは限りません．メーカーとてたくさんのエンジンを倉庫に眠らせてはおけない事情は同じだからです．一体，どのくらいの予備エンジンを抱えておくのが最適なのでしょうか．

一般に，需要に応じるためにあらかじめ倉庫に備蓄してある物品を在庫品と呼んで，在庫量の適否が経済活動に少なからぬ影響をもたらします．在庫が多ければ物資を寝かせておくことの損失に加えて保管のための経費もばかになりませんが，在庫が少なすぎると在庫品が底をついて需要に応じきれない危険性が増大し，需要に応じ

きれないと大きな損失が発生したり，もうけ損なったりします．まさに，あっちを立てれば，こっちが立たず，です．

いっぽう，在庫の量は需要の発生のしかたや，補充のしかたによって左右されますが，補充のための発注ひとつをとってみても一括するか細分するかによってコストが異なり，悩みは尽きません．この悩みは，メーカーが自らの製品を作り溜めして倉庫に待機させておくときでも同じです．製造に要する費用は生産計画によって微妙に異なるからです．

このような悩みに応えて，どのくらいの在庫量が最適であり，それを実現するためにはどのタイミングでどれだけの量を発注すればいいかを明らかにしようとするのが，**在庫管理**(inventry control または inventry management)と呼ばれる手法です．

在庫管理の理論は，オペレーションズ・リサーチの中でもよく研究されている分野です．理論の手掛かりも，待ち行列理論によるもの，線形計画法によるもの，動的計画法によるもの，自動制御理論によるものなどさまざまです．ただ，現実に起こる問題はケース・バイ・ケースで少しずつ事情が異なるため，各企業ごとにくふうした理論を使ったり，理論よりは経験則を重視したり，シミュレーションで改善をはかったり，こちらのほうも，さまざまなようです．

なん回に分けて発注するか

在庫管理について，ごくごく基本的で典型的な例題はつぎのとおりです．たいていの商品は，はやりすたりがあったり季節ごとに需

要の変動があったりしますが，たばこは年間を通じて需要が安定しているので扱いやすい商品なのだそうです．そこで，たばこの在庫管理を考えてみようと思います．

あるたばこ屋の話です．たばこの売上げは毎日ほぼ一定で，ひと月に10,000箱売れていきます．この順調な売上げに備えてたばこを仕入れておく必要がありますが，在庫のたばこは他の商品の売場面積を圧迫したりするので，1箱について1カ月あたり4円の保管費用が発生します．それなら仕入れをこま切れにして在庫を減らせばよさそうなものですが，仕入れのたびに伝票の事務などのために200円がかかります．仕入れの箱数には無関係にです．はて，どの程度こま切れにして発注するのが最良の策でしょうか．ただし，発注すると直ちに納入されるものとします．

問題を整理すると

　　1カ月の需要　　10,000箱

　　保管費用　　　4円／月・箱

　　発注費用　　　200円／回

のときに，保管費と発注費の総計がもっとも小さくなるような発注

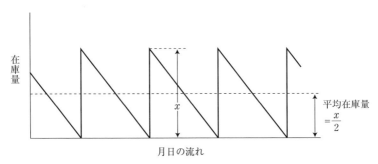

図 5.6　在庫量の変化

5. 待ち行列と在庫管理

のしかたを見つけよう，というわけです．

図5.6をごらんください．たばこの在庫量は月日の流れとともに10,000個／月の割合で着実に減少していきます．放置すれば在庫が底をついてしまいますから，在庫がゼロになる寸前に x 箱だけ仕入れます．そうすると在庫はいっきょに x に上昇しますが，その直後から直線的に減少してゼロに近づくので，また x 箱だけ仕入れる……と在庫量は図のようなのこぎりの歯を描きます．* そして，

$$\text{平均在庫量} = \frac{x}{2}(\text{ただし，}x\text{ は1回の発注量}) \tag{5.41}$$

が図から読みとれます．

では，カネかんじょうを始めます．平均在庫が $x/2$ なので

$$\text{保管費用の総額} = \frac{x}{2} \times 4 \text{円／月} \tag{5.42}$$

です．また，1回の発注量が x 個なら月あたり $10{,}000/x$ 回の発注をしなければなりませんから

$$\text{発注費用の総額} = \frac{10{,}000}{x} \times 200 \text{円／月} \tag{5.43}$$

です．したがって，保管費用と発注費用の総計を c とすれば

$$c = \frac{4x}{2} + \frac{2{,}000{,}000}{x}(\text{円／月}) \tag{5.44}$$

---

* 在庫が一定量まで減ったときに発注する方式を**発注点方式**といい，決められた間隔ごとに発注する方式を**定期発注点方式**といいます．私たちの例題では在庫がゼロになる寸前に発注しようというのですから心は発注点方式ですが，需要が一定であるため結果的に定期発注点方式にもなっています．

というかんじょうになります．この値を最小にする x を見つけるためには，c を x で微分して，それを 0 とするという常套手段を使いましょう．*

$$\frac{dc}{dx} = \frac{4}{2} - \frac{2{,}000{,}000}{x^2} = 0 \tag{5.45}$$

したがって，たちまち

$$x = \sqrt{\frac{2 \times 2{,}000{,}000}{4}} = 1{,}000 \text{(箱)} \tag{5.46}$$

が求まりました．月に 10,000 箱の需要に応えるために 1 回あたり 1,000 箱の発注をするのですから，月あたり 10 回，つまり，3 日ごとに 1,000 箱ずつ発注するのが費用を最小にする策であることが判明し，私たちの例題はめでたく完了しました．

この例題を一般的に書くと，つぎのようになります．

　　　需要量を　　　　　　　　R
　　　単位あたりの保管費用を　a
　　　単位あたりの発注費用を　b

とし，1 回あたりの発注量を x とすれば，総経費 c は

$$c = \frac{ax}{2} + \frac{bR}{x} \tag{5.47}$$

---

* 月あたりの発注回数は，1 回，2 回，……というような離散形の値なので x も離散形の値です．したがって x で微分するという演算はうるさくいえば違反行為です．しかし，実用性のためにはたいていのことに目をつぶる OR の性格に免じて，この程度のルール違反は許していただきます．

　なお，微分して 0 をおくと最小にする x の値が求まる理由や，微分そのものについては『微積分のはなし（上）（改訂版）』を見ていただければ幸いです．

であり，これを微分して c を最小にするような x を求めると

$$x = \sqrt{\frac{2bR}{a}} \tag{5.48}$$

となります．あたりまえすぎて公式というほどのことはないようにも思えますが，式(5.48)は**経済発注量公式**とか**ウィルソンのEOQモデル**などと呼ばれます．

　ところで，この節のモデルは少し単純にすぎるように思いませんか．現実は，これほどきれいごとではすみません．まず，需要がこれほど一定ではないでしょう．天候や曜日による変動もあるし偶然によるばらつきもあるからです．それに発注してから納入されるまでの期間もゼロというわけにはいきませんから，品切れを避けるための余裕も必要です．そのうえ，在庫期間が長くなるにつれて価値が下がる商品も少なくありません．また，保管費用は在庫量に正比例するほど単純ではないのがふつうですし，発注費用が発注量に無関係とも思えません．

　あれやこれやと考えると，在庫管理の奥の深さに気がつこうというものです．この本では深い奥まで覗いている余裕がないのが残念ですが，幸い，たくさんの参考書[*]が出まわっていますので，身の回りの在庫管理にそれらを活用していただくとおもしろいでしょう．少なくとも，スーパーマーケットが近くにある家庭の冷蔵庫がすかすかになること請合いです．

　とはいうものの，私は，ビール，日本酒，ウィスキー，焼酎などのすべてが家の中にふんだんに山積みされていないと情緒が不安定

---

[*] 柳沢滋著『在庫管理のはなし』(日科技連出版社)は平易で愉快な本でありながら，かゆいところに手がとどいています．

になり,心臓がおどって原稿も思うように進みません.そのような私が在庫管理の原稿を書いていいのだろうかと内心じくじたるものがあります.

最適な仕入れ個数は

この章の最後に,適正な仕入れの量についての古典的な例題をご紹介させていただきます.縁日である商品を売ろうと思ってください.商品は自転車でも植木でもまるごとの七面鳥でもいいのですが,売れると 1,000 円のもうけ,売れ残ると返品のために 200 円の損失が発生します.縁日で売れる個数の見込みは経験的に

  3 個売れる確率   10%
  4 個売れる確率   20%
  5 個売れる確率   40%

5. 待ち行列と在庫管理

6 個売れる確率　　　　20%

7 個売れる確率　　　　10%

であることが予想されます．なん個仕入れるのが最善でしょうか．

まず，1 個だけ仕入れた場合には，上記の予想によれば少なくても 3 個は売れるのですから，この 1 個は確実に売れて 1,000 円のもうけ．ただし，なん人かのお客を断るはめになって口惜しい思いをするでしょう．

2 個だけ仕入れた場合は同じ理由によって 2,000 円のもうけ，3 個だけ仕入れると 3,000 円のもうけ……．

4 個を仕入れると少し事情がちがってきます．3 個しか売れずに 1 個が売れ残ってしまう確率が 10% あり，それ以外の 90% は 4 個とも売れると予想されるからです．つまり，この場合には

　　　3 個売れて，返品が 1 個の確率　　0.1

　　　4 個売れて，返品が 0 個の確率　　0.9

なので，期待値は

$$(\underbrace{1{,}000\text{円}\times 3}_{\substack{1{,}000\text{円の}\\ \text{利益が 3 個}}} - \underbrace{200\text{円}\times 1}_{\substack{200\text{円の}\\ \text{損失が 1 個}}}) \times 0.1$$

$$\times (\underbrace{1{,}000\text{円}\times 4}_{\substack{1{,}000\text{円の}\\ \text{利益が 4 個}}} - \underbrace{200\text{円}\times 0}_{\substack{200\text{円の}\\ \text{損失が 0 個}}}) \times 0.9 = 3{,}880\text{円} \quad (5.49)$$

となります．5 個を仕入れると，同じように考えれば

　　　3 個売れて，返品が 2 個の確率　　0.1

　　　4 個売れて，返品が 1 個の確率　　0.2

　　　5 個売れて，返品が 0 個の確率　　0.7

ですから，期待値は

$$(1{,}000 \text{円} \times 3 - 200 \text{円} \times 2) \times 0.1$$
$$+ (1{,}000 \text{円} \times 4 - 200 \text{円} \times 1) \times 0.2$$
$$\times (1{,}000 \text{円} \times 5 - 200 \text{円} \times 0) \times 0.7 = 4{,}520 \text{円} \quad (5.50)$$

となります．以下，同じように仕入れが6個，7個，……について計算をしてみた結果が図5.7です．6個を仕入れたときの期待値が4,680円で最大になっているのがわかります．したがって，私たちの答は「6個」でした．

このタイプの問題には**新聞売り子の問題**＊というニックネームがついています．自費で新聞を仕入れて売りさばいている売り子の場合，売れた部数に比例した利益が上がると同時に売れ残ったぶんの購入費用が損失になりますので，最適な仕入れ部数を決めるのが悩みの種だったのでしょう．

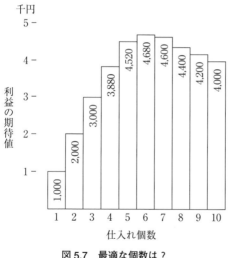

図5.7 最適な個数は？

最後に，もういちど図5.7を見ていただけるでしょうか．そうして，第1章の37ページあたりに書いた「感度」について思い出していただきたいのです．図5.7では確かに

＊ 新聞の売り子の問題については，需要の予想が一様分布，正規分布，ポアソン分布など，いろいろな場合について解かれています．

最適な仕入れは6個です．けれどもこれは，2ページ前の需要予測が正しいとすればの話です．かりに予測が1〜2個ほど狂う可能性があるとしたら，どうでしょうか．図5.7から計算してみると，6個を中心とした5本の棒グラフの平均が4,416円であるのに対して，7個を中心とした5本の平均は4,480円もあります．したがって，需要予測がいくらか狂う危険性があるなら，7個を仕入れておく方が安全ではありませんか．

　37ページにも書いたように，ORを使うときにはいつも「感度」を頭のどこかに置いておきたいものです．

6. PERT
—— 最善の日程計画を追究する ——

パートをはじめる

「ねえ,社長,寄ってらっしゃいよ」というような呼び込みの台詞があります.なん万人もの従業員を擁する企業の社長から個人経営の社長まで幅が広いので無難だし,それに,やはり社長は庶民の憧れの的だからでしょう.

昔は,これが「ねえ,大将」か「ねえ,棟梁」だったそうです.大将は軍人の最高位ですから軍人がいばっていた時代の尊称としては理解できますが,それと並んで棟梁が庶民の尊敬を集めていたのは,なぜでしょうか.

棟梁は大工の親方なのですが,大工を監督するばかりでなく,建築現場の作業の流れを取りしきる責任者でもあります.そのため棟梁は家屋を建築する手順を熟知していて,大工のほか左官,石工,とび職,電気工,配管工などの作業を順序よくコントロールしなければなりません.

6. PERT

　建築現場にはいろいろな寸法の柱や板,砂利,砂,セメント,屋根や壁の材料,多種多様な建具や照明器具,衛生器具,パイプ類,電線などなど,たくさんの部品が搬入されて,つぎつぎと組み上げられてゆくのですから,部品の運び込む順序や組立ての手順をまちがえると,せっかく組み立てた部品を取り外してやりなおしたり,つぎの作業にかかれないために職人を遊ばせたりして,むだな経費は発生するし工期は遅れるし,大損害です.そこで,たくさんの職人を統率する能力に加えて棟梁にはシステム・エンジニアとしての能力も要求されることになり,その代り,高い給料が保証されて,庶民の尊敬も集めていたわけです.

　一軒の住宅を建築する場合でさえ,このとおりです.ましてや,大きなビルや船,飛行機など大規模なシステムを作り上げる場合には,作業手順の善し悪しが全体の工期やコストに大きな影響を及ぼします.一般に,ある製品の開発や生産の成否を判断するための三大要素は,品質とコストと納期だといわれています.品質とコストはいうに及びませんが,納期の重要さもこれらに勝るとも劣りません.国内では2006年をもって旅客機の用途での運行が終了しましたが,名機の誉れ高い国産旅客機YS-11は,行政と技術の両面から開発が遅れたため182機の生産に終わってしまいました.当初のスケジュールどおりに開発されていれば,もっともっと売れていたにちがいないと思われているのも,その一例です.

　そこで,作業手順を効果的に計画し,その計画どおりに作業が進行するように管理し,必要があれば計画を修整するための手法が,近代の建設には必須のものとなっています.その手法を **PERT**(program evaluation and review technique,パートと通称)といい

パートがスケジュールを支えコストを助ける

ます．第1章でご紹介したオペレーションズ・リサーチの3本柱，LP，パート，シミュレーションのパートです．

パートの最大の特長は，考え方が簡単なうえむずかしい数学なども使わないので，身の回りの作業にもすぐに応用できるところにあります．さっそく，身近なパートに取りかかりましょう．

アロー・ダイヤグラムを描く

日曜大工で鍛えた腕で，庭の一隅に書斎を作ろうと思います．書斎ですからトイレや台所はいらないにしても照明だけは必要です．長い休暇はとれないので，なるべく短期間に作り上げようと計画を練って，図6.1のように作業の流れを矢印で表わしてみました．左端の①から作業を開始し，もろもろの作業を矢印に沿ってつぎつぎに，あるいは並行して行ない，右端の⑫に到達したとき書斎の建築

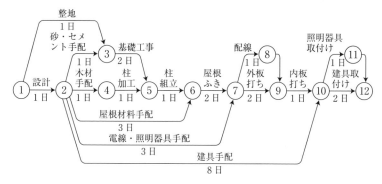

図 6.1　書斎建築のアロー・ダイアグラム

が終わるというわけです．このような図を**アロー・ダイヤグラム**（arrow diagram）または **PERT ネットワーク**といいます．PERT はアロー・ダイヤグラムを描くことから始まるのです．

このアロー・ダイヤグラムを見ると作業の流れが一目瞭然ではありませんか．左端から見てゆくと，設計と整地は同時に開始する，設計には1日を要し，設計が終わりしだい各種の材料が手配され，整地がすみ，かつ，砂やセメントが入荷したら基礎工事にかかる……などの手順が見事に読みとれます．ただし，右のほうへ目を移すと，点線の矢印があったりして，よくわからないところもあります．そこで，アロー・ダイヤグラムを描くための定石を約束することにしましょう．

（1）アロー・ダイヤグラムは矢印(アロー)（arrow）と丸印(ノード)（node）で描きます．矢印は作業を表わすので**アクティビティ**（activity）と呼ばれます．丸印は**結合点**といわれたり，また，図 6.2 のように作業に関する状態を表わすので**イベント**と呼ばれたりしています．いろいろ

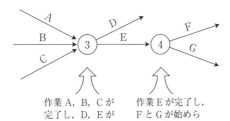

作業A, B, Cが完了し, D, Eが始められる状態

作業Eが完了し, FとGが始められる状態

図6.2 アローとノード

な用語があってややこしいので, この本では矢と結合点に統一することにしましょう.

結合点は, そこへ入ってきている矢の作業がすべて終了していることを表わすと同時に, そこから出ている矢の作業が開始できる状態になっていることを示しています. 結合点を表わす丸印には番号をつけますが, このとき, 矢の根元のほうが矢の先よりも若い番号になっていなければなりません. 図6.2で, 矢印Eの根元には3が, 矢先には4がつけられているように, です.

(2) 2つ以上の作業を並行して実施できる場合はいくらでもあります. だからといって, 図6.3の上半分のように, 2つの結合点の間を2つ以上の矢で結んではいけません. その場合には, ゼロ秒で完了する架空の作業dを考えて図の下半分のようにしてください. このような架空の作業を**ダミー** (dummy) 作業といいます.

これは禁手です

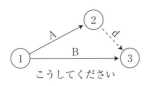

こうしてください

図6.3 ダミーを使う

なぜこのような余計なことをするかというと, つぎのとおりです. PERTでは, アロー・ダイヤグラム上のいくつもの経路について作業時間を計算したりするのですが, そのとき, ひとつひとつの

作業を区別しなければなりません．区別するためには矢の前後にある結合点の番号を使って(3, 4)とか(1, 2)のように表わすのがいちばん便利です．とくにコンピュータに計算をさせるときには，ぜひともこうしたいのです．そのためには，図6.3の上半分では作業

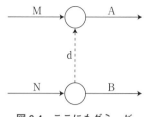

図6.4 ここにもダミーが

AもBも(1, 3)となって識別できないので，下半分のように書きなおしていただく必要があるわけです．

ダミーは，このほかにも便利に使われます．たとえば

　　　AはMとNが終了しなければ開始できない

　　　BはNだけ終了すれば開始できる

という関係をアロー・ダイヤグラムに描いてみてください．どうしたって図6.4のように描かなければなりません．このように作業の順序が複雑に入りくんでいると，ダミーを使わないと正しく表わせない場合が少なくないのです．こうなると，ダミーよりもっといい名前をつけてあげたいくらいではありませんか．

以上がアロー・ダイヤグラムの描き方についての約束ごとであり，この約束に従って書斎の建築手順を描いたものが図6.1でありました．なお，図6.1には作業の内容とそれに必要な日数が書き込んであります．これらの書き込み方についてはとくに約束ごとはありませんから，ごちゃごちゃして見にくくならないよう注意しながら，じょうずに書き込んでください．

クリティカルパスを見つける

書斎を建築するためのアロー・ダイヤグラムは図6.1のとおりなのですが,さて,建築にはなん日を要するのでしょうか.そして,その日数を決めている作業はなにとなになのでしょうか.図6.1または図6.5の,いちばん上のダイヤグラムからそれらを見破ってください.

ネットワーク上の最短ルートの見つけ方については,動的計画法の例題として96ページあたりで苦労してきたのでした.こんども同じ考え方が使えそうです.もっとも動的計画法では最短ルートを捜したのに,こんどは時間がかかるほうのルートを見つけなければなりませんし,それに,矢印を逆行することはできませんから,いくらか事情が異なります.書斎建築のアロー・ダイヤグラム程度なら,ぐいっと睨んだだけで所望のルートが見つかりそうですが,もっと複雑な場合に備えて,ルート探索の理屈を追ってみましょう.

図6.5の上のネットワークが,書斎建築のアロー・ダイヤグラムです.左端から始めましょう.①から②へは一本道ですから選択の余地はありません.①から③へ行くには直行ルートと②を経由するルートがありますが,直行ルートが1日ですものに対して②を経由するルートは2日もかかりますから,短時間のほうの直行ルートを消してしまいましょう.なにしろ,時間のかかるほうのルートを見つけようというのですから,短時間のルートのほうを消してゆくのです.

また,②から⑤へ行く2つのルートの中では,③を経由するほう

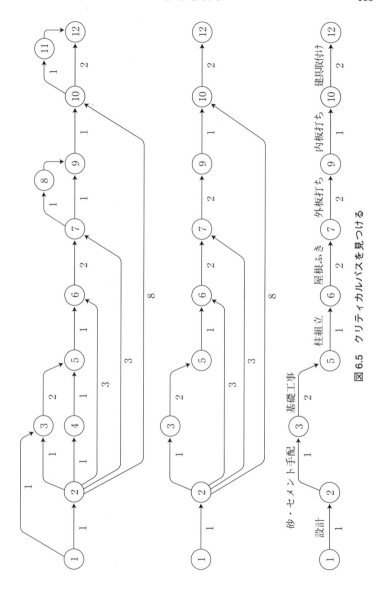

図 6.5 クリティカルパスを見つける

が日数がかかるので，④を経由するルートも消してください．ついでに目を右のほうへ転ずると，⑦から⑨へ行くルートでは，⑧を経由するルートが不必要ですし，また，⑩から⑫へのルートでは，⑪を通るルートが要らないので，これらも消してしまいましょう．そうすると，中段のようなネットワークが残ります．だいぶ，こざっぱりとしてきました．

つづいて中段のネットワークでは，②から⑥への2つのルートを比較してみると，直行コースのほうが短時間なので，それを消します．同じように，②から⑦への直行ルートも消えるし，②から⑩への直行ルートも消えてしまいます．そして，下段のように一本道のルートだけが残されました．

このルート上の日数を合計すると12日です．すなわち，書斎の建築には12日を要するし，また，12日あればすべての作業が行なえることが保証されています．そして，この12日を決めているのは，この一本道に沿っての仕事です．この一本道を**クリティカルパス**（critical path，最長経路と訳す）といいます．

クリティカルパスは，このように，決定的な道すじという意味ですし，語感もいいので，日常会話にも応用されることがあります．「せっかくハワイへ行ったのにたった2日で帰ってきたんだってね，クリティカルパスはなんだ？　カネか，ヒマか，それともホームシックか」というように，です．

閑話休題……．クリティカルパスはもっとも時間のかかる作業の流れを表わしていますから，クリティカルパスから外れ

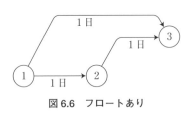

図6.6　フロートあり

た作業は時間的な余裕があるは
ずです．たとえば，図6.6は私
たちのアロー・ダイヤグラムの
一部ですが，これを見ると①か
ら③への直行するルート(整地)
には，1日の余裕があることが

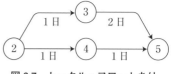

図6.7 トータル・フロートあり，
フリー・フロートもあり

わかります．この余裕を**フロート**(float, 余裕時間)といいます．

つぎに図6.7を見てください．②→③→⑤に対して②→④→⑤の
ほうに1日だけ余裕があります．ただしこの余裕は，②→④と④→
⑤の両方に1日ずつの余裕があるわけではなく，合計して1日だけ
の余裕にすぎません．このような余裕は**トータル・フロート**と呼ば
れています．

また，他の作業にまったく影響を与えないような余裕は**フリー・
フロート**といわれます．②→④で1日をむだにすごすと，④→⑤の
作業開始が1日おくれますから，②→④にはフリー・フロートはあ
りません．これに対して，④→⑤で1日遊んでいても，⑤以降の作
業にはなんの影響も及ぼしませんから，④→⑤にはフリー・フロー
トがあることになります．

クリティカルパスを改善する

書斎の建築についてアロー・ダイヤグラムを描き，クリティカ
ルパスを見つけて所要日数を求めたところ，12日とわかりました．
12日も休暇をとれないので少しでも日程を縮めたいのですが，ど
うしたらいいでしょうか．

日程を縮めるには，クリティカルパス上の作業をくふうしなければなりません．その以外の作業はもともとフロートを持っているくらいですから，いくらがんばって作業時間を短縮しても全体の日程には効いてこないからです．

クリティカルパス上の作業を見なおしてみましょう．図6.5の下段を見てください．①→②(設計)をしなければ②→③(砂・セメント手配)ができず，それが終わらなければ③→⑤(基礎工事)ができず，そのあとでなければ⑤→⑥(柱組立)ができず，柱が立たなければ⑥→⑦(屋根ふき)ができませんから，ここまでは手順を変えることができません．このあと，⑦→⑨(外板打ち)と⑦→⑧(配線)を並行して行なう計画なのですが，どうでしょう，いっそのこと⑥→⑦(屋根ふき)と⑦→⑧(配線)と⑦→⑨(外板打ち)の3つを，並行してやってみようではありませんか．少しごたごたするかもしれませんが，作業の場所が異なるので，なんとかなりそうです．うまいぐあいに②→⑦(電線・照明器具手配)にはじゅうぶんなフリー・フロートがあることですし……．

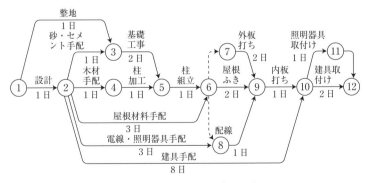

図6.8 改善したアロー・ダイヤグラム

こういうわけで，書きなおしたアロー・ダイヤグラムが図 6.8 です．前の計画では屋根ふきの 2 日と外板打ちの 2 日が直列に連なり，合計 4 日を要していたのに，こんどは，この 2 つの作業を並行して行なうことにしたのですから，全日程が 2 日だけ短縮されたにちがいありません．それを確認するためにクリティカルパスを求めてみたのが図 6.9 です．

見てください．クリティカルパスがとんでもないところに現われてしまいました．日数を合計してみると 11 日です．前の計画では所要日数が 12 日でしたから，確かに短縮はされているのですが，期待したように 2 日ではなく，たった 1 日しか節約できませんでした．犯人は新しいクリティカルパスです．したがって，さらに所要日数を縮めたいならば，こんどは，この新しいクリティカルパス上の作業をくふうしなければなりません．

新しいクリティカルパスの中でもっとも長い日数がかかっているのは建具の手配です．ふつうに注文したのでは 8 日かかるのかもしれませんが，割増金をふんぱつしたらどうでしょうか．かりに 20% の割増金をつければ納期が 1 日だけ縮まるとしてみましょう．建具の費用が書斎全体の 10% を占めているなら，この割増金は書斎の建築費を 2% だけ押し上げるにすぎません．11 日の所要日数を 10 日に短縮するには 2% の経費増が必要……，これを採用するか否

図 6.9 新しいクリティカルパス

かは，書斎の緊急度，財政状態，休暇日数など他の要件に左右されますが，考慮すべきひとつの選択肢であることは確かです．

そこで，割増金をふんぱつして建具の納期を1日だけ短縮してもらうことにしたとしましょう．そうすると，アロー・ダイヤグラムは②→⑩（建具手配）の日数が7に変わる以外は図6.8とまったく同じですが，図6.10のようにクリティカルパスの趣が一変してしまいます．

見てください．こんどのクリティカルパスは一本道ではなく，大部分の区間を並行して2本の道が走っています．3本のところさえあるくらいです．これは，一本道の場合に較べて，作業の手順がかなり上等であることを意味しています．クリティカルパスが一本道ということは，それ以外の作業にはフロートがあることを意味し，それは見方を変えると無駄な待ち時間があるわけですから，あまり褒められる作業手順とは言えません．ぜいたくを言えば，アロー・ダイヤグラムのすべてのルートがクリティカルパスになっていれば最高です．どこにも無駄な待ち時間がないのですから……．

アロー・ダイヤグラムを描いてみて，フロートが大きい作業が見つかったら，そこの作業員をクリティカルパス上の作業に転用する

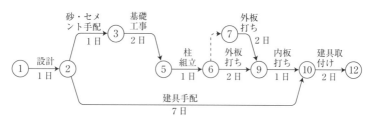

図 6.10 究極のクリティカルパス

などして，なるべくフロートを減らすようにくふうしてください．作業は早いほうがいいに決まっているなどといって，フロートのある作業にさらに人やカネを投入するのは，長持ちするほうがいいに決まっているなどといって，人間の寿命の2倍も3倍ももつ義歯や義足を作るようなものではありませんか．

なお，さきほど割増金をふんぱつして建具の納期を1日だけ早め，その結果として書斎の建築に要する日数を1日だけ短縮することに成功したのでしたが，このように，コストとのからみも考えたPERTを **PERT/COST** と呼んでいます．これに対して，日程管理だけを念頭においたPERTを **PERT/TIME** と呼んで区別することもあります．

また，個々の作業に要する期間と経費との関係を直線で近似することによって線形計画法に乗せ，総経費がもっとも小さくなるような日程計画を求める手法が開発されていて，**CPM**(critical path method)と名づけられていることもご紹介しておきましょう．

PERT を計算する

この章では，アロー・ダイヤグラムを描いてクリティカルパスを見つけたり，それを改善したりしてきました．そして，クリティカルパスを見つけるときには，いくつかのルートを比較しながら，消去法によっていちばん時間がかかるルートを残したのでした．書斎建築のためのアロー・ダイヤグラムくらいなら，このような手順で容易にクリティカルパスを発見できます．

ところが，作業のかずがもっと多くなって手順が複雑に入り組ん

でくると，このような方法では目がちらついて頭も混乱し，クリティカルパスを見落としたりしかねません．それに，いくつ前までの作業を比較すべきかをケース・バイ・ケースで判断する必要があるこの方法は，コンピュータむきでもありません．そこで，単純作業だけによってクリティカルパスを見つける方法をご紹介しておこうと思います．

　計算の原理をご紹介するだけですから，簡単な例を使いましょう．図6.11は，図6.1や図6.8でなんべんもお目にかかったアロー・ダイヤグラムのごく一部です．ただし，結合点には計算の値を記入するために上下に区分された枠が追加されています．

　枠の上段には，すでに数字が記入されていますが，これらの値は，つぎの作業が開始できるための最小必要日数です．①では直ちに作業が開始できるので0です．②では1日後でなければ作業が始められないから1となります．③では，どうでしょうか．③には2本の矢が入っています．①から直接入っている矢だけを考えれば1日後から作業が始められますが，いっぽう，②から来ている矢を考

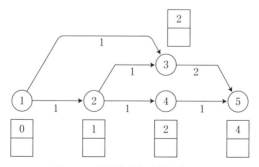

図6.11　最早結合点時刻を求める

えると2日後でないと作業が始められません．③に入ってくる2本の矢の作業が両方とも終了しないとつぎの作業が始められないとのルールに従えば，③においてつぎの作業が開始できるまでの日数は2であることが明らかです．

つまり，上段に書き込む値は，つぎのようにして求まります．矢が1本しか入っていない結合点では，前の結合点の値に矢に付記された値を加えた値を記入してください．また，矢が2本以上入っている結合点では，それぞれの矢ごとに前の結合点の値に矢に付記された値を加えた値を調べ，その中でいちばん大きな値を記入していただきます．このような数字を④と⑤にも記入したものが図6.11でした．

この計算は非常に単純です．2つも3つも前の矢にさかのぼって暗算をする必要がないので，頭も混乱しないしミスも起こりません．それに，なんといってもコンピュータむきです．

こうして結合点ごとに記入された上段の値は，**最早結合点時刻**と呼ばれます．つぎの作業が開始できる最も早い時刻を結合点ごとに計算したものだからです．

これに対して，**最遅結合点時刻**というのがあります．こちらは，全体計画を遅らすことなく最も遅く作業を開始することが許される時刻を結合点ごとに計算したものです．

図6.12を見てください．⑤に付記された上段の4は，さきほど求めた最早結合点時刻です．下段に最遅結合点時刻を書き込んでいくのですが，⑤では4と書かなければなりません．なにしろ全体計画を遅らしてはいけないのですから，終点の⑤では最早結合点時刻より遅くなることは許されません．

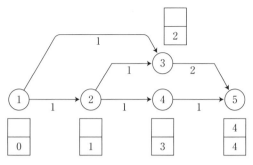

図 6.12　最遅結合点時刻をもとめる

　④では，どうでしょうか．④から出ていく矢は1本だけですから⑤の時刻に間に合いさえすればいいので，作業に要する1日を⑤における4から差し引いて3と記入することになります．同じように，③の下段には2がはいります．

　②では少し考えなければなりません．②からは2本の矢が出ていますが，④への矢だけ考えれば最遅の時刻は3 − 1 = 2となりますが，③への矢を考えると2 − 1 = 1です．ここで「全体計画を遅らすことなく」を思い出すと，2を採用したのでは③の作業開始に間に合わず全体計画を遅らせてしまいますから，1のほうを採用しなければなりません．

　つまり，下段に書き込む値は，つぎのようにして求まります．まず，最後の結合点では最早結合点時刻と同じ値を記入してください．つづいて矢印に逆行しながら計算を進めます．矢が1本しか出ていない結合点では，後の結合点の値から矢に付記された値を差し引いた値を記入していただきます．矢が2本以上出ている結合点では，それぞれの矢について，後の結合点の値から矢に付記された値

を差し引いた値を調べ，その中でいちばん小さな値を記入してください．このようにしてでき上がったのが図 6.12 です．

最早と最遅の結合点時刻を上段と下段に記入してみると図 6.13 のようになります．見ていただくと，上段と下段の値が同じところもあり，異なるところもあります．このうち，値が同じところは時間的な余裕がなく，前の作業が終わりしだい待ったなしで作業を開始しないと，全体計画が遅れてしまうことを表わしています．これに対して，下段のほうが上段より値が大きいところは，フリー・フロートがあることを意味しています．したがって，上段と下段の値が等しい結合点をたどってゆくと，それがクリティカルパスを構成しているという理屈です．

作業の数が多く，その手順も複雑に入り組んでいるときには，このようにしてクリティカルパスやフロートなどを見つけてゆきます．繰り返すようですが，単純作業の積上げなのでミスも起こりにくいし，また，コンピュータむきの計算です．そしてこのとき，結合点の番号は矢の根元のほうに矢の先よりも若い番号を与えると

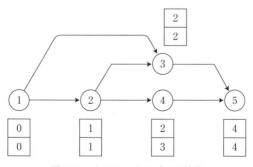

図 6.13 クリティカルパスの計算

PERT を進める

アロー・ダイヤグラムを描き,クリティカルパスを見つけ,改善し,立派な作業計画ができました.けれども,計画が立派なだけではなんにもなりません.昔から

    plan do check act

というではありませんか.PERT は plan, do, check, act をひっくるめての手法です.

作業はもちろんアロー・ダイヤグラムに従って実行されます.とはいうものの,作業の現場にアロー・ダイヤグラムがそのまま張り出されるわけではありません.ちょっとしたシステムの建設でも,アロー・ダイヤグラムは畳1枚くらいの大きさになるのがふつうですが,作業の現場ではアロー・ダイヤグラムの全貌が必要なのではなく,かえって,個々の作業をさらに分解した日程計画が必要だからです.

そこで,現場の作業責任者は,それぞれの作業にふさわしい進度管理表などを作って作業員に示し,仕事の進行を督促したり一服したりすることになります.進度管理表はどのような形式でもいいのですが,いちばん多用されるのは図6.14のような**ガント・チャート***でしょう.書斎建築のための基礎工事を思いつくままにガン

---

 * ガント・チャートは,第1次世界大戦のころにアメリカの H.L. Gantt という人が使いはじめたので,この名があります.

6. P E R T

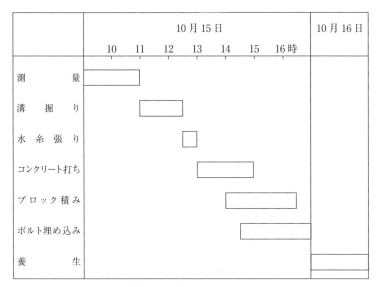

図 6.14 ガント・チャート

ト・チャートに描いてみたので，この程度の作業にしては大げさすぎますが，ま，こういう進度管理表をガント・チャートというと思って見ておいてください．

現場に張り出されたガント・チャートには，月日や時間の区切りごとに終了した作業に色を塗るなどして，作業の進みや遅れが一目でわかるようにするのが，ふつうのやり方で，気の毒なことに，作業者はこの着色に尻を叩かれて仕事に励むことになります．

作業が一段落したところで，その状況がアロー・ダイヤグラムを管理している PERT の中枢に報告されます．そして，アロー・ダイヤグラムと異なった状況になっているとき，とくに，クリティカルパスに関係があり得る作業に遅れが生じているときには，遅滞な

PERTが追いかけ，決心を迫る

くPERT計算をやりなおし，新しいクリティカルパスを見つけたり，コストとの関係で新しい選択の道が提案されたりします．

　ここがPERTの肝心要の点です．はじめにいくら理想的な計画が立てられていても，すべてが計画どおりに進むわけがありません．地震や雷や火事も起これば納品が遅れることもあるし，作業員が風邪をひくことだってあるでしょう．さまざまな事態の発生に対応してPERT計算がやり直され，意思決定者に事態を改善するための提案と判断のための情報が提供されるところがPERTならではの特長なのです．

　アロー・ダイヤグラムに描かれた作業のかずが数十くらいなら，PERT計算は手計算でもたいして手間はかかりません．数百くらいになると手計算でやっていたのでは計画改善のタイミングを逸してしまいますから，コンピュータの助けを借りたほうがいいでしょう．いずれにしろ，計算の理屈が単純であり，アプリケーションソ

フトも市販されていて容易に入手できるのがありがたいところです．

　こうして，アロー・ダイヤグラムによって最善の計画(plan)を立て，実行(do)し，進行状況を点検(check)し，必要があれば修整し(act)，そして，計画し，実行し，点検し，修正するというサイクルが事態の変化に追随して行なわれ，限りなく最善に近い結果を生んでゆきます．

　PERTには，このほかにも経営管理上のいろいろな効果があると信じられています．アロー・ダイヤグラムを描くという行為が企画や計画に対する整然とした思考を強制するという効果を生んだり，問題点が確認されたり，報告や指示の重要さが身にしみたり，たくさんの副産物に恵まれているからのようです．

7. シミュレーションとモデル

シミュレーションさまざま

　人類が大空を自由に飛び回れるようになってから,まだ百年ちょっとして経っていないのに,その間の飛行機の発達には目をみはるものがあります.速さ,航続距離,乗り心地,輸送量,安全性など,どれをとっても,まさに日進月歩,いや秒進分歩くらいのものすごさです.それにつれて,飛行機の価格のほうも急上昇……,とくに戦闘機などは,敵に勝つのが最大の経済性という認識なども手伝って,価格の急騰はすさまじく,このままの勢いで急騰をつづけるとさすがのアメリカでさえ戦闘機を1機しか持てなくなり,空軍と海軍が半日ずつ使うはめになるだろうというジョークが飛ぶしまつです.

　このように高価な飛行機を使ってパイロットの操縦訓練をするのはもったいないし,万が一にでも訓練のために飛行機やパイロットを失いたくないなど,いろいろな理由によって飛行機用のシミュ

7. シミュレーションとモデル

レーターも急速に進歩してきました．近年のフライトシミュレーターは，おおよそつぎのような機能を持っています．

シミュレーターには胴体のうしろ半分も主翼も尾翼もありませんが，コックピット（操縦室）だけは本物の飛行機とまったく同じです．操縦桿やその他のレバー類もたくさんの計器やスイッチなども実際の飛行機と同じです．ちがうところは，窓外の景色がスクリーンに写し出された飛行場や雲などであるところだけですが，これとて臨場感があって，ゲームとは大ちがいです．

コックピットは，大きな電動式のシリンダーで支えられていて，コンピュータで制御された電動モーションコントロールによっていろいろな動作をします．上下，左右，前後の動きのほか，ピッチング（機首の上下），ローリング（左右への傾き）ヨーイング（左右への機首ふり）や，それらの組合せで動作し，それと連動した窓外の景色の移動と合わせてパイロットに与える臨場感はばつぐんです．

コックピットにすわったパイロットがエンジンをスタートさせると，ギューンというエンジンの回転音とともに回転計やエンジンの温度計などが動きはじめます．足で踏んでいたブレーキを放すと窓外の景色は後方へ流れだし，速度計も上がって地上滑走を開始します．地上を走るゴトゴトという振動さえ伝わってくるきめの細かさです．

操縦桿を引くと機首が上がり，ゴトゴトという振動も消えて飛行機は空中へ舞い上がります．いや，舞い上がった感じがします．離陸のために機首を上げ，それをパイロットに体感させたコックピットは，そのあとパイロットに気づかれないようにそっと元の姿勢に戻ります．なにしろ電動式のシリンダーの限られたストロークで，

自由自在に姿勢を変える飛行機の動きを真似してパイロットに伝えようというのですから,多少のごまかしは止むを得ません.

じゅうぶんに速度がついたので,パイロットはさらに操縦桿を引くと同時に,飛行ルートにのるために操縦桿を左へ傾けて旋回にはいります.電動式のシリンダーがいっせいに作動してコックピットの機首を上げると同時に左へ傾けます.窓外の地平線はすでに下方へ下がって見えなくなっていますが,雲がぐぐっと右に傾くと同時に右後方へ流れ去っていきます.実際の飛行ではこのときパイロットに遠心力がかかりますので,それを模擬するために尻の下にしいたパットに空気圧をかけることもあるくらい,あの手この手で実際の飛行をシミュレートするのです.

シミュレーターは墜落の心配がありませんからだれでも乗れます.現に,ゲームソフトはたくさん発売されていますし,羽田空港の国際線ターミナルにも,本物からみたらいかにもオモチャのフライトシミュレーターがあります.けれども,本格的なシミュレーターの目的は遊びではありません.ひとつの目的はパイロットの訓練です.ふつうの飛行や空中戦などの訓練はもちろんですが,わざと故障の状況を与えてその対応を訓練したり,実際の飛行では危険

7. シミュレーションとモデル

でできないような操縦をして飛行機の特性の限界を体験するなど,本物の飛行機と異なる守備範囲を誇っています.シミュレーターの欠点と言えば,パイロットが生命の危険を感じないことくらいでしょう.

シミュレーターのもうひとつの目的は,飛行機を開発や改善するとき,飛行機の特性をいろいろと変化させながら最善の策を追究することにあります.飛行機は外形が少しでも変わったり,外部になにかを付加したりすると特性が変化しますし,ときにはがまんのならないほどたちの悪い癖が現われることも少なくありません.そういうとき,いちいち本ものの飛行機を作って実験していたのでは,経費も時間もたまったものではありません.

そこで,そういうときには,飛行機を縮小したモデルを作り,風洞といわれる筒の中に吊るして風を送り,モデルにかかる力やモデルの周りに起こる風の渦などを観測し,それらのデータをシミュレーターに入れて操縦してみます.これを繰り返しながら最善の飛行機を作り上げていくのです.

このように,シミュレーターはシミュレーション(模擬実験)の道具です.飛行機のいろいろな飛行のありさまをシミュレーションによって地上に出現させているわけです.

なお,飛行機を縮小したモデルに風を当ててモデルに加わる力などを測定する「風洞実験」も,シミュレーションの一種です.本ものの飛行機が飛行中に空気から受ける力などを模擬実験しているのですから…….

そういえば,第1章の20ページあたりで,お見合に臨む作戦の優劣をトランプカードを使ったシミュレーションによって判定した

ことがありました．そのときのと今回とでは，ずいぶんシミュレーションのスタイルがちがいます．いちばんの相違点は，「お見合の問題」のときには確率的な現象を対象としていましたが，今回は確定的な現象を対象としている点です．そこで，「お見合の問題」を解くために使ったようなシミュレーションを**確率的シミュレーション**(stochastic simulation)といい，この節のようなシミュレーションを**確定的シミュレーション**(deterministic simulation)と呼んでいます．

確定できないからシミュレーションをやってみるのに，確定的シミュレーションとはこれ如何に，と思われるかもしれませんが，ここで使っている「確定的」は「確率的」の対語ですから，ご了察ください．

お見合を，もういちど

恐縮ですが17ページあたりをめくって「お見合の問題」を思い出していただけますか．表1.3を再掲載します．見合のチャンスが10回だけあるとします．1回には1人ずつ，いちど断った相手とヨリを戻すことは禁止，オーケーすればその後の見合は棄権，相手にふられることはない，こういう条件で見合に臨むにあたっての最善の作戦はなにか，という問題でした．最善の作戦を知るために，私たちは「速決型」から「優柔型」まで5種類の作戦モデルを作り，トランプカードによる確率的シミュレーションを行なってデータを集め比較したところ，安全を選ぶなら「妥協型」，夢を追うなら「慎重型」という答を得たのでした．

7. シミュレーションとモデル

表1.3 5種類の作戦を立てる

〔速決型〕	1人め	見送る
	2, 3, 4人め	それまでの最下位でなければ決める
	5, 6人め	それまでの4位以内なら決める
	7, 8人め	それまでの5位以内なら決める
	9人め	それまでの6位以内なら決める
	10人め	決める（他の作戦でも同じ）
〔急性型〕	1, 2人め	見送る
	3人め	それまでの1位なら決める
	4, 5人め	それまでの2位以内なら決める
	6, 7人め	それまでの3位以内なら決める
	8, 9人め	それまでの4位以内なら決める
〔妥協型〕	1, 2, 3人め	見送る
	4人め	それまでの1位なら決める
	5, 6, 7人め	それまでの2位以内なら決める
	8, 9人め	それまでの3位以内なら決める
〔慎重型〕	1, 2, 3, 4人め	見送る
	5, 6, 7人め	それまでの1位なら決める
	8, 9人め	それまでの2位以内なら決める
〔優柔型〕	1, 2, 3, 4, 5人め	見送る
	6, 7, 8, 9人め	それまでの1位なら決める

　この答を得て，思ったよりじっくり待つほうが結果がいいようだなどと，ひとり悦に入ったものですが，ほんとうにそうでしょうか．第1章のシミュレーションでは，相手にふられることはいっさい考えていなかったのです．このシミュレーション・モデルはたいへん身勝手で楽観的すぎるのではないでしょうか．そこでこの節では，相手にふられることも考慮に入れたモデルを作り，シミュレーションをやりなおしてみようと思います．

　常識的に考えて条件のいい女性のほうが相手をえり好みしそうですし，自信のない女性なら，はやく永久就職を決めてしまいたい心理が働きそうですから，こちらが結婚を望んだにもかかわらず女性

にふられてしまう確率を，ちょっと甘いかもしれませんが

1点か2点の女性のとき		0%
3	4	10%
5	6	20%
7	8	30%
9	10	40%

と見積もらせていただきましょう．では，この条件を追加してシミュレーションをはじめます．もちろん，こちらが結婚を望んだのに相手にふられたときは，つぎの女性との見合にすすむ，としてです．ただし，10人めの女性にふられると，これはもう惨めです．一生涯，ひとり寝の憂き目をみなければなりません．

シミュレーションの開始です．こちらが相手を選ぶまでは，第1章のシミュレーションと寸分たがわず同じです．すなわち，「速決型」の作戦なら，よく切ってから伏せて並べたAから10までの10枚のカードを端から順に1枚ずつめくり，1枚めはどんなに高い点数が出ても見送り，2枚めが1枚めより低い点数なら3枚めへ進み，2枚めが1枚めより高ければそのカードを結婚相手として選ぶ……ここまでは第1章の場合と同じです．第1章では，選んだとたんにその点数を記録して1回の実験を終わるのですが，こんどは，相手が承諾してくれるかどうかを確かめなければなりません．

かりに，選んだ女性の点数が7であったとしましょうか．見積りによれば，ふられる確率が30%，承諾してもらえる確率が70%です．この確率に従う実験によって結論を出さなければなりません．30%と70%に別れる確率を実現してくれる道具はなんでしょうか．Aから10までのトランプカードを余分に準備し，よく混ぜてから

7. シミュレーションとモデル

1枚を取り出して、それがA～3であれば拒絶、4～10であれば承諾とみなすのもひとつの方法ですが、10枚のカードをよく混ぜ合わせるには意外に手間がかかります。サイコロではどうかというと、1/6ずつの確率で現われる6つの面をどう組み合わせても3対7とはなりません。

図7.1 乱数サイ

こういうときにお勧めできるのが**乱数サイ**＊です。乱数サイは、図7.1のような正20面体の2面ずつに0から9までの数字を刻んだもので、これを振ると10種類の数字がそれぞれ1/10ずつの確率で現われますから、10進法を使い馴れた私たちにとって便利な小道具です。ほんとうは正10面体を使えればもっといいはずですが、正多面体には4，6，8，12，20面体の5種類しかありませんから、正20面体が採用されたわけです。

さて、乱数サイの準備ができれば女性の諾否のシミュレーションは簡単です。女性にふられる確率が30％の場合は、乱数サイの目が0～2なら拒絶、3～9なら承諾と決めて乱数サイを振ればいいだけです。つまり、選んだ女性の諾否は表7.1に従って判定すればいいことになります。

このように結婚を望んだにもかかわらず相手の女性に肘鉄砲を食わされる確率も組み込んだ「お見合の問題」のシミュレーションを

＊ 乱数サイは、日本規格協会で手にはいります。

表7.1 女性の諾否のシミュレーション・モデル

女性の点数	ふられる確率	乱数サイの目による判定
1, 2	0%	どれでも，ふられない
3, 4	10%	0なら，ふられる
5, 6	20%	0, 1なら，ふられる
7, 8	30%	0, 1, 2なら，ふられる
9, 10	40%	0, 1, 2, 3なら，ふられる

表7.2 お見合作戦のシミュレーション結果*

作戦の種類	獲得した女性の平均点数	最高の女性を得た割合	最低の女性を摑んだ割合	女性にありつけなかった割合
速 決 型	6.9	15%	0%	0%
性 急 型	7.2	15%	2%	1%
妥 協 型	7.7	27%	2%	4%
慎 重 型	7.5	28%	5%	9%
優 柔 型	6.3	23%	10%	16%

各人でぜひ試みていただきたいのですが，ここでは，私が5種類の作戦のそれぞれについて100回ずつ実験した結果を見ていただこうと思います．表7.2がそれです．*「獲得した女性の平均点数」，「最高の女性を得た割合」，「最低の女性を摑んだ割合」のほか，こんどは「ついに女性にありつけなかった」ケースも発生しましたので，

* 表7.2の「最高の女性を得た割合」の値が，15, 15, 27, 28, 23%となっています．5種類の作戦の性格を徐々に慎重になるよう変化させてあるのですから，この値も連続的な曲線に沿って変化するのが自然です．15%, 15%という同じ値が並んでいるのは，きっと，100回しか実験をしなかったために誤差が生じているのでしょう．

それらを一覧表にまとめておきました.

いかがでしょうか. ふられることを考慮に入れなかった22ページの表1.4と較べてみてください. ふられることを考慮に入れても全体の傾向は意外に変わらないものですね. ただし, 表1.4では安全を選ぶなら「妥協型」, 夢を追うなら「慎重型」くらいの感じであったのに対して, こんどは, 文句なく「妥協型」に軍配をあげていいでしょう. 平均点が最も高く, 最高の女性を得た割合は「慎重型」とほとんど同じで他を圧し, 最低の女性を摑んだり, 女性にありつけなかったりの危険もがまんできる程度に小さいからです. もっとも, どんな女性でもいいから女性なしでは生きていけないという方は「性急型」か「速決型」を, どうぞ……

確率を作り出す

前節では30％とか40％とかの確率を作り出すのに乱数サイを使いました. 乱数サイは10進法で表わされた確率を作り出すための小道具ですが, このほかにも, コイン, ふつうのサイコロ, トランプのカード, マージャンのパイなど, 確率を作り出す小道具はいくらでもあります. そして, これらの小道具を組み合わせてくふうすれば, たいていの確率は作り出すことができます. 一例としてサイコロとコインを同時に投げることによって乱数サイの0〜9に対応させる方法を表7.3を載せておきました. 2桁の数字に対応させたければ, 2回ずつ投げればいいのですから理屈は簡単です.

このようにして作られる数字, すなわち, 人間の意思がはいらずに偶然によってでたらめに作り出される数字は**乱数**といわれ, 乱数

表 7.3 十進法の確率を作る法

コイン	サイコロ	対応する数字
表	⚀	0
表	⚁	1
表	⚂	2
表	⚃	3
表	⚄	4
表	⚅	5
裏	⚀	6
裏	⚁	7
裏	⚂	8
裏	⚃	9
裏	⚄	やりなおし
裏	⚅	やりなおし

は所望の確率を得るために利用されます．これまで，私たちは乱数サイやコインを使って物理的に乱数を作ってきたわけですが，このような方法にはいくつかの欠点があります．

その第1は，めんどうなことです．表7.3のようにコインとサイコロを投げるのも数十回くらいなら腹も立ちませんが，数百回ともなるとばかばかしくなってきます．乱数サイも便利にはちがいありませんが，なにせ20面体ですから，いつまでもころころと転がっていたりして，じれったくなることもあります．第2は，こちらのほうが本質的な欠点ですが，どうしても若干のく・せ・を伴っていることを

とです．完全無欠な正20面体や正6面体を作ることは至難の業でしょうし，彫りのちがうコインの表と裏とが厳密に1/2ずつの確率を分け合っているとも思えません．

そこで，数学の力を借りてでたらめに数字を並べた**乱数表**が作られ，一部のものは市販されています．でたらめに数字を並べるのに数学の力を借りたり，それを有料で売ったりするとは……と慨嘆なさらないでください．でたらめに，いや，ランダムに数字を並べるのは非常にむずかしいのです．その証拠に，小学生くらいの子供にでたらめに数字を書いてもらうと，数字に対する好き嫌いがわかるくらいに数字の現われ方が偏るし，学識豊かな先生方に書いてもらうと数字を均等に書こうとか，同じ数字が連続して並ばないようにとかの配慮の跡が読みとれて，ちっともランダムではありません．

おもしろいことに，乱数を作らせてみると，性格がわかるのだそうです．とくに，早く書くけど乱数のできの悪い人は，もっとも車の運転事故を起こしやすく，良い乱数を作るけど作業が遅い人も，事故を起こしやすいのだそうです．前者は素早いけれど考えないし，後者は考えるけれど鈍いからでしょう．*

そういうわけで，乱数を作るには数学の力を借ります．いまではほとんど使われることがなくなりましたが，ひと昔まえには平方採中法といって，適当な桁数の数字を二乗して，できた数の中央から最初と同じ桁数を乱数として採用するという方法がよく使われました．現在では，線形合同法が主流となっています．**

---

* 　一松信著『暗号の数理』(講談社ブルーバックス，1980)から引用しました．
** 　平方採中法，線形合同法ともに，『シミュレーションのはなし』(日科技連出版社，1991)をご参照ください．

このようにして多くの乱数表が作られ，いかにランダムであるか，すなわち，数字の現われ方，数字の連なり方，数列の繰り返され方などに，いかにくせがないかを競い合っています．乱数表の一例を表7.4に載せておきました．この乱数表では数字が2つずつ並んでいますが，10％とびの確率に対応させるなら数字をひとつずつ使い，1％とびの確率を作るときには2つの数字をまとめて使えばいいでしょう．

　たとえば，このように使ってください．相手の女性にふられる確率が30％であるような実験を繰り返したいなら，乱数が

　　　0～2　のとき　ふられたと判定

　　　3～9　のとき　同意してもらったと判定

と決めます．乱数はどこから使ってもいいし，ふつうは乱数を使いはじめる場所をサイコロをふって選んだりすることも多いのですが，ここでは左上の隅から横方向に使うことにしましょう．そうすると

表7.4　乱数表の一例（『新編 日科技連数値表（第2版）』（日科技連出版社）から）

14	57	33	37	48	40	89	46	24	36	96	76	09	00	19
94	22	80	66	42	98	99	68	17	57	58	82	15	79	48
75	46	74	70	53	27	08	91	73	59	38	40	46	81	13
92	71	64	35	88	73	84	41	37	88	64	95	23	72	03
94	10	14	54	26	86	37	72	29	78	13	56	65	62	38
02	37	55	92	73	33	14	21	87	08	12	77	97	29	42
60	92	83	45	49	66	38	31	51	48	57	02	11	40	22
30	44	06	91	66	00	77	11	19	38	14	84	97	82	26
57	50	22	04	27	53	23	00	49	15	49	27	83	13	33
29	35	94	85	13	68	46	89	22	46	24	01	96	27	73

7. シミュレーションとモデル

1回めの実験では　1だから　ふられ

2回めの実験では　4だから　同意

3回めの実験では　5だから　同意

4回めの実験では　7だから　同意

というように判定が進みます．5回以降も実験をつづけると

　　　同意　同意　同意　同意　……

と，同意ばかりがつづき，つぎに「ふられ」が現われるのは，なんと12回目です．けれども，おかしいじゃないか，などと決して私心を入れてはいけません．確率的に30%もある事象でも偶然にこれだけ現われないこともあり，そういう偶然をひっくるめて30%なのですから，乱数表を信じて作業をつづけてください．

　その代り，乱数表を使うとき絶対に守らなければならない掟があります．乱数表のいちど使ったところは二度と使ってはならないのです．また，新しいところでも事前に乱数を眺めて，ここがいいなどと作為的な使い方をしてはいけません．私は乱数表の左上から順に使い，使った乱数は斜線で消してしまいます．そして，別の日にまた乱数表を使うときには，迷うことなく前回につづけて使うようにしています．市販されている乱数表にはたいてい数万の乱数が並んでいますから，簡単には使いきれるものではありません．どうぞ，惜しげもなく使い捨てにしてください．

　表7.4の乱数は，0から9までの10この値が同じ確率で現われるように作られていました．また，2つずつの数字をまとめて使うなら，00から99までの100個の値が公平に並べられていたとも言えます．このような乱数を**一様乱数**といいます．これに対して，正規分布や指数分布などにしたがって現われる値を乱数にしたものも作ら

れていて，それぞれ**正規乱数**，**指数乱数**などと呼ばれています．*

モンテカルロ・シミュレーション

乱数表を使う例題をひとつだけやってみたいと思います．ある装置があるのですが，信頼性が低く，平均5時間の指数分布にしたがって故障が起こります．ただし，故障しても1時間の修理で元に戻ります．この装置が2つ直列に結ばれていて，両方の装置が正常な場合だけ可動するシステムの可動率をシミュレーションによって求めてください．同様に，2つの装置が並列に結ばれているために，どちらかの装置が正常であれば可動するようなシステムの可動率も求めてください．

装置の故障が指数分布をするのですから指数乱数を準備すればよさそうですが，指数乱数はなかなか手にはいりません．そこで，182ページの一様乱数を使うことにしましょう．まず，図7.2の曲線で表わされる指数分布を，棒グラフで近似します．** 棒の高さが18, 15, 12, 10, ……となっているのは，曲線の高さに比例しながら合計して100に近い値になるように案分したからにすぎません．

つぎに，棒グラフの高さに相当する数の乱数を割り当てます．そ

---

* 正規乱数は，平均値も分散も1の正規分布に対して，たとえば

 0.80, 0.19, -0.44, -0.13, 1.07, ……

のように，また，指数乱数は平均値1の指数分布に対して，たとえば

 0.63, 2.85, 0.04, 0.28, ……

のように作られています．

** 指数分布の曲線や性質については，『統計のはなし(改訂版)』，『信頼性工学のはなし(改訂版)』などを参照していただければ幸いです．

7. シミュレーションとモデル

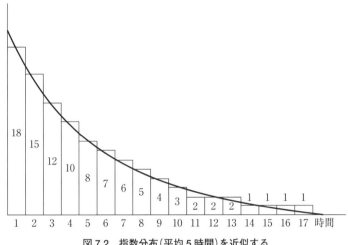

図7.2 指数分布(平均5時間)を近似する

れが表7.5です．たった1時間で故障してしまうケースには00から17まで18個の乱数が，また，2時間で故障するケースには18から32までの15個というように割り当てられているので，乱数を順に使い捨てていけば，故障の間隔が指数分布にしたがって出現するにちがいありません．なお，乱数に98とか99が現われた場合には，そこをとばして先へ進んでください．

では，1つめの装置の故障発生をシミュレートしましょう．182ページの乱数表のうち，第1行は前節で使いましたから，こんどは第2行から使うことにしましょう．

乱数は

  94 22 80 66 42 68 17 57 58 ……

です．そして，これに対応する故障間隔は表7.5によって

  14 2 8 6 3 6 1 5 5 ……

表7.5 乱数を割り当てる

時　間	割り当てる乱数	割り当てる乱数の数
1	00 ～ 17	18
2	18 ～ 32	15
3	33 ～ 44	12
4	45 ～ 54	10
5	55 ～ 62	8
6	63 ～ 69	7
7	70 ～ 75	6
8	76 ～ 80	5
9	81 ～ 84	4
10	85 ～ 87	3
11	88, 89	2
12	90, 91	2
13	92, 93	2
14	94	1
15	95	1
16	96	1
17	97	1

です．したがって，1つめの装置はスタート後14時間で故障を起こし，修理のために1時間だけ停止し，再スタート後2時間で故障し，1時間停止し，再々スタート後8時間で故障し……と，可動と停止を繰り返していくことになります．この有様を図示したのが，図7.3の「1つめの装置」のところです．

つぎに，2つめの装置についてのシミュレーションを行ないましょう．乱数表は第6行めから使いましょうか．

そうすると，乱数は

7. シミュレーションとモデル

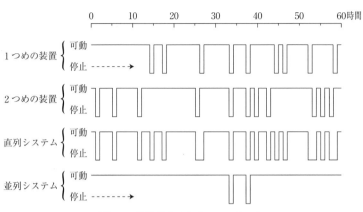

図 7.3 故障発生のシミュレーション

02 37 55 92 73 33 14 21 87 ……

ですから,対応する故障間隔は,表 7.5 から

1 3 5 13 7 3 1 2 10 ……

と読みとれます.故障すると修理のために 1 時間を要することを忘れずに,これらの故障の状況を図示すると図 7.3 の「2 つめの装置」のようになります.

さて,2 つの装置を直列に結んだシステムでは,両方の装置が正常な場合だけ可動するのでした.そこで,「1 つめの装置」と「2 つめの装置」とがともに可動の時間だけを選び出して「可動」とし,その他の時間は「停止」として描いてみたのが「直列システム」の図です.見てください.可動と停止とがひんぴんと繰り返されている様が一目瞭然です.そして,60 時間中に停止している時間をかぞえてみると 18 時間もありますから,可動率は

$$(60 - 18)/60 \fallingdotseq 0.7 \tag{7.1}$$

です．

いっぽう，2つの装置を並列に結んだシステムでは，両方の装置が揃って停止したときだけ停止するのでしたから，その様子を描いてみると図の中の最下段「並列システム」のようになり，めったにシステムが停らないことがわかります．そして，60時間中にたった2時間しか停っていませんから，システムの可動率は

$$(60 - 2)/60 \fallingdotseq 0.97 \tag{7.2}$$

と計算されます．

この例では紙面の都合でたった60時間分しかシミュレーションをしていませんから，直列システムや並列システムの可動率は正確とは思えませんが，もっと長時間ぶんのシミュレーションをすれば，可動率などもかなり正確に算出できることは想像に難くないでしょう．*

この例題のように，確率的に起こる現象を乱数を使って模擬実験する方法を**モンテカルロ法**(Monte-Carlo method)と呼んでいます．モンテカルロはフランス南東部にあってカジノで有名な都市なので，その名をとって命名されたといわれています．

この節の例題のような場合には，直列システムや並列システムの

---

* 平均5時間で故障が起こり，そのたびに1時間だけ停止するのですから，1つの装置が停っている確率は1/6，可動の確率は5/6です．したがって

$$直列システムの可動率 = \frac{5}{6} \times \frac{5}{6} = \frac{25}{36} \fallingdotseq 0.69$$

$$並列システムの可動率 = 1 - \left(\frac{1}{6} \times \frac{1}{6}\right) = \frac{25}{36} \fallingdotseq 0.97$$

です．図7.3の60時間のシミュレーション結果では，これが0.78と0.97になっていました．

可動率を理論計算で求めるのは，わけもありません．しかし，計算で可動率を出しただけでは，可動と停止がひんぱんに繰り返される状況などは目に浮かばないでしょう．シミュレーションは実験的に現象を起こしてみるわけですから，理論計算とはちがうな・ま・な・ま・し・さ・があり，意思決定に大きな貢献をすることが少なくありません．

もちろん，「お見合の問題」のように理論計算では手に余るような難問についても，数学的にはやさしい問題に対するのと同じ気やすさで立ち向かえるところがモンテカルロ・シミュレーションのいちばんうれしいところなのですが……

モデルが決め手

今も昔も，そして老若男女問わず，シミュレーションゲームは人気の高いゲームです．ペットや競走馬を育てる育成シミュレーションゲーム，スポーツチームを経営したりショッピングモールを運営したりする経営シミュレーションゲーム，作戦や戦闘を再現するウォー・シミュレーションゲームなど，さまざまです．いまではコンピュータゲームが主流ですが，ボードゲームが全盛のころのモノポリーや人生ゲームなど，昔からシミュレーションゲームは高い人気を博しています．

これらのゲームは，古来のスゴロクのようにサイの目次第というのではなく，選択のチャンスが与えられていて，各人の判断と決心が要求されるところに，おもしろさがあります．それに加えて，ゲームのルールが現実の社会で行なわれている弱肉強食のサバイバル・ゲームをなまなましく模擬しているところに，人気の秘密があ

モデルが変われば月とスッポン

りそうです.

　この種のシミュレーション・ゲームの元祖は，軍隊の司令部で行なわれてきたウォー・ゲームではないかと思います．昔から大軍を指揮する司令部では，作戦を立案するとき，その有効性を検証したり欠陥を発見したりするために，さかんにウォー・ゲームが行なわれてきました．

　ふつうは大きな地図をはさんで敵と味方に分かれたり，統裁部と訓練部隊に分かれたりしたうえで，山道の徒歩は時速なんキロとか，平地の車両は時速なんキロとかのルールに従って部隊を動かし，敵をはさみ撃ちにしたり包囲したり，あるいはその裏をかいたり，奇襲をかけたり，陽動作戦を使ったり，ここが指揮官や参謀の腕の見せどころです。そして，味方と敵が遭遇すると彼我の兵力や装備の優劣によってあらかじめ決めてある確率に従い，乱数を使って勝ち負けや損害の程度などを判定するのです．

7. シミュレーションとモデル

　このようなシミュレーション・ゲームが役に立つかどうかの最大の決め手はモデルの善し悪しです．そして，モデルの善し悪しは，ひとつにはとり上げる特性の適否によって左右されるし，ひとつにはとり上げた特性が正しく評価されるか否かによって決まります．一例をあげると，つぎのとおりです．

　敵と味方が遭遇したときに勝敗を左右する特性としては，遭遇した場所の地形，天候，隊形，兵員数，武器の種類や量，疲労のぐあい，志気，指揮官の能力などなど，いくらでもあります．そのうち，なにとなにをシミュレーションの項目としてとり上げたらいいでしょうか．なんでもかんでも気がついたものを片っぱしからとり上げたのでは，シミュレーションが複雑になって収拾がつきません．そのため，大胆に肝腎な特性だけに絞り込むための知識と判断力が必要となります

　かりにとり上げる特性を兵員数と武器の種類や量に絞り込んだとしましょうか．つぎには，それらによって勝敗の確率がどう変わるかを決めなければなりません．たとえば，兵員数に戦車の数を20倍した値を加え，それを平方に開いた値に比例して勝つ確率を敵と味方に配分する，というようにです．そのためには，大変な達識を必要とします．

　とり上げる特性がまちがっていたり，その評価が合っていなかったりしたら一大事です．シミュレーションを繰り返して，これが最善の作戦と自信をもって臨んだ実戦で大敗を喫してしまいます．シミュレーション・モデルが現実を模擬していないようでは，実戦がシミュレーションのとおりに進まないからです．まちがったことを教えてくれるシミュレーションなら，やらないほうがましではあり

ませんか.

　モデルの重要さは，シミュレーションにおいてばかりではありません．オペレーションズ・リサーチで使われるモデルには社会現象を図やグラフに描いたもの，数式で表したもの，物理現象で代用したもの，文章に記述したものなど，いろいろなスタイルがありますが，いずれの場合でも，とり上げる特性の選択と特性の評価によってモデルの善し悪しが決まります．そして，オペレーションズ・リサーチが成功するかどうかは，モデルの善し悪しに決定的に左右されることを銘記する必要があります．企業の中でもトップの意思決定のためや社員教育のために，ビジネスゲームが行なわれていますが，くれぐれもモデルの点検を怠らないようにしていただきたいものです．

8. ゲームの理論

ゼロ和2人ゲーム

　人生はすべてゲーム,と書いたことがありました.人生ゲームに参加している以上,勝つ努力をするのはあたりまえ,しかし,たかがゲームだから,勝ったからといって思い上がるのは見苦しいし,負けても世をはかなむほどのことではない,ゲームだからルールはきちんと守っていこう,そう書いたのでした.

　ところでゲームとはなんでしょうか.ゲームは個人どうしでも,企業の間にでも,あるいは国と国とでも,ときには人間と牛の組合せでも行なわれますが,いずれにしろ,相手が必要です.相手は,人,コンピュータ,企業,国などであることもあるし,牛や魚や,あるいは天候などであることもあり,相手の数も1人とは限りません.男子たるもの家を出ずれば7人の敵あり,というくらいですから,敵の数はふつうは複数なのですが,この章では,主として相手が1人の場合を取り扱います.相手が2人以上になると談合とか裏

切りとか，いろいろなことが起こって，ほんとうはこちらのほうがおもしろいのですが，この本のページ数ではとても書ききれないからです.*

さらに，相手がこちらの意志どおりになるとは限らないことも，ゲームを成立させる要件です．相手がこちらの思いどおりになるなら，こちらにとって最善の要求がそのまま実現するのですから，ゲームにはなりません．

そこで，競合的な立場にいる2人以上のプレーヤーが，それぞれの利益をできるだけ大きくし，損失はなるべく小さくしようとする行為をゲームと呼びましょう．そして，ゲームに参加するプレーヤーの行動を合理的に決める理論を**ゲーム理論**(game theory)と呼んでいます．

では，さっそく典型的なゲームを見ていただきましょう．A社とB社が熾烈なシェア争いを繰り広げていると思ってください．A社にはA_1, A_2, A_3という3つの販売作戦があり，B社もB_1, B_2, B_3の3種類の販売作戦を持っています．シミュレーションなどいろいろな手段によってA社のシェアは表8.1のようになるだろうと信じられています．すなわち，A社がA_1の作戦を使い，B社がB_1の作戦できたときには，A社のシェアは80%，A社のA_1に対し

表8.1 2社の熾烈なシェア争い

		Bの手		
		B_1	B_2	B_3
Aの手	A_1	80%	20%	40%
	A_2	70%	60%	80%
	A_3	30%	40%	90%

---

* いろいろなジレンマを含んだゲームや，3人以上の組合せで行なわれるゲームについては，岡田章著『ゲーム理論・入門〔新版〕』（有斐閣，2014）がオススメです．

てB社がB_2を使ってくるとA社のシェアは僅か20%，エトセトラ……というぐあいです．こういう表は**利得表**と呼ばれています．

このまま話を進めてもいいのですが，説明の都合と数字を見や

表8.2　Aの利得表

		Bの手		
		B_1	B_2	B_3
Aの手	A_1	3	-3	-1
	A_2	2	1	3
	A_3	-2	-1	4

すくするために，表を書きなおしましょう．まず，表8.1の値からいっせいに50%を差し引きます．両者のシェアは50%ずつ分け合うのが公平なところですから，50%を境にプラス側とマイナス側の値に振り分けようというわけです．つぎに，1桁めの値はすべて0ですから，これらを取り去り，ついでに%の記号も取り除いてください．そうすると表8.1は表8.2のように変わります．

両者のシェア争いについてA社側から見た利得表が表8.2のように書き改められましたが，この利得表には大きな特徴があります．A社の利得がたとえば3であるということは，とりも直さずB社の利得が-3であること，言いかえれば，B社には3の損失が発生することを意味します．なにしろ，A社の利得が3であればA社のシェアが50%を30%も上回ることを意味し，それはB社のシェアが50%から30%も引き下げられるということを意味しているのですから．

このように，両者の利得の和が常にゼロになるようなゲーム，言いかえれば，片方の利得がそのまま他方の損失になるようなゲームを**ゼロ和ゲーム**(zero-sum game)と呼んでいます．これに対して，両者の利得の合計がゼロにならないことがあるようなゲームは**非ゼロ和ゲーム**(non-zero-sum game)と呼ばれています．また，ゲー

ムの性格を表 8.1 のままでとらえるなら,両者の利得の合計は常に 100%のシェアなので,このようなゲームを**定和ゲーム**と呼ぶこともあります.

定和ゲームは,ゼロ和ゲームと本質的あるいは理論的には同じゲームです.なにしろ,定和の 1/2 の値を境にして損得勘定をすると,それはゼロ和ゲームだからです.このように理論的には同じゲームであっても,情緒的にはいくらかの差があるように思えます.2 人がジャンケンをして勝者が敗者の財布から 100 円玉を召し上げるならゼロ和ゲームですし,2 人の間に 100 円玉が置かれていてジャンケンの勝者がそれを頂戴するなら定和ゲームですから,ゼロ和ゲームのほうが苛烈な感じではありませんか.日米の経済戦争をゼロサムゲームにしてはいけないなどという表現は,ここからきていたのかもしれません.

なお,ジャンケンがあいこの場合は両者とも 100 円ずつ"あゆみの箱"に寄付をするというルールを追加すれば,ゲームは非ゼロ和ゲームとなります.

サドル点を見つける

A の利得が表 8.2 のようなゼロ和ゲームの場合,A と B の戦いはどのように展開していくでしょうか.表 8.2 をもういちど載せてありますから,それを見ながら付き合ってください.

A は最大の利得をあげたいのですから,表中の最大値 4 に目が惹かれます.そこで B が B_3 の手を使ってくれることを期待して A_3 の手を選びましょう.ところが,相手は B_3 の手を使ってくれるほ

ど甘くはありません．AがA$_3$を選んだのを知ったとたんにB$_1$の手を使ってAの利得を最低の-2にしようと企みます．それではたまらんと，Aは急いで手をA$_1$に変更するでしょう．それを見たB

表8.2　Aの利得表

		B の手		
		B$_1$	B$_2$	B$_3$
Aの手	A$_1$	3	-3	-1
	A$_2$	2	1	3
	A$_3$	-2	-1	4

は手をB$_2$に変えてきます．やむなくAはA$_2$の手を選ぶことになるはずです．さて，つぎにBはどうするでしょうか．

どうしようもないのです．AがA$_2$の手を使っている以上，Bが手を変えるとAの利得がふえるばかりですから，BとしてはB$_2$の手を持続するほかないではありませんか．いっぽう，AにとってもBがB$_2$の手を持続している以上，どのように手を変えても利得が減ってしまいますから，じっとA$_2$の手を持続しなければなりません．戦況は完全にこう着状態です．安定状態と言ってもいいでしょう．

この状況は，Bの利得表から見ても同じです．Bの利得は，ゼロ和ゲームの特徴によって，Aの取得のプラスとマイナスを逆にした値ですから，Bの利得表は表8.3のようになります．この表を睨んでBとAの立場を察してみてください．Bは最大利用3を期待してB$_2$をとる，ところがAはA$_2$の手を選ぶ，そうなるとBとしては，もはや手の変えようがない．Aの立場でも同じ……という次第で，やはり，AはA$_2$の手，BはB$_2$の手で安定してしまうで

表8.3　Bの利得表

		A の手		
		A$_1$	A$_2$	A$_3$
Bの手	B$_1$	-3	-2	2
	B$_2$	3	-1	1
	B$_3$	1	-3	-4

はありませんか.

こうして, A は A_2 の手を使い, B は B_2 の手を使って, A は + 1 の利得で満足し, B は - 1 の利得でがまんするのが, A と B との妥協点なのです. 例題のスタートに帰って言うなら, A 社は 60% のシェアで B 社は 40% のシェアで妥協するほかない, というわけです.

どのようなときに妥協点が生ずるのかを知るために, A_2 の手と B_2 の手について A の利得をイラストにしてみたのが図 8.1 です. 上半分の図の背後には $A_3:B_2$ の利得が表わす - 1 のブロックが隠れているのですが, それもひっくるめて妥協点の付近をなめらかに描いたのが下半分の図です. 妥協点付近の地形は馬の鞍のような形をしているので, この妥協点の位置をサドル

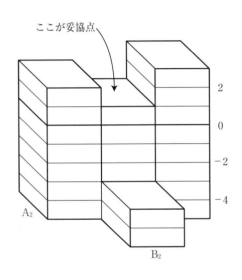

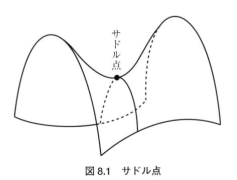

図 8.1　サドル点

点(saddle point, 正式な用語は鞍点)といいます. サドル点は, 前後(あるいは左右)方向から見れば谷の底であり, 左右(あるいは前後)方向から見ると山の頂になった地点です.

ゼロ和2人ゲームにサドル点があるとき, このゲームを「決着のつくゲーム」とか「閉じたゲーム」などといい, そのサドル点の値を**ゲームの値**(value of the game)といいます. いまの例題では, ゲームの値は1でした.

ミニマックス戦略

似ているけれど新しいゼロ和2人ゲームに進みます. 表8.4がその利得表です. サドル点があれば, 見つけてください.

前節と同じ思考過程をたどりましょうか. Cは最大の利得をめざして, DがD_3の手を使ってくれることを期待しつつ, C_1の手を選びます. それを知ったDはD_1の手でくるに決まっています. それならとCは手をC_2に変えます. するとDはD_3に変えるでしょう. しめたとばかりにCはC_1に手を戻すのですが, 賢いDは直ちに手をD_1に……ありゃ……. これでは堂々めぐりではありませんか. 将棋でいうなら千日手です.

こういうゼロ和2人ゲームにはサドル点がないのかというと, そうとも言いきれません. 現に, この例では$C_3:D_2$がサドル点であり, ゲームの値は1なのです. では, どうしたらサドル点を確実に

表8.4 Cの利得表

		Dの手		
		D_1	D_2	D_3
Cの手	C_1	-2	-1	4
	C_2	3	-3	-4
	C_3	2	1	3

発見できるのでしょうか．

Cの立場に立って考えます．Cがどの手を選ぼうとも，それに対して賢いDは最善の手で対応し，Cの利得を最小に抑えてしまうと覚悟しなければなりません．それなら，それぞれの手で得られる最小の利得どうしを比較して，その中からいちばん利得が大きい手を選ぶしかないではありませんか．

表8.5をごらんください．CがC_1を選ぶとDはD_1で対抗してくるので，Cは－2の利得しかあげられません．つまり，第1行の中の最も小さな値(minimum value)がC_1の手に期待できる利得です．同じように第2行中のミニマムの値がC_2の手で，また，第3行中のミニマムの値がC_3の手で期待できる利得であるとわかります．そうとわかれば，その中で最も大きな値(maximum value)である1の取得が確実なC_3の手を選ぶのが良策というものでしょう．

このように，それぞれの作戦で起こり得るミニマムの利得どうしを比較して，その中からマキシマムのものを選ぶという思想に基づく戦略を**マクシミン戦略**(maximin strategy)といい，マクシミン戦略で獲得できる利得を**マクシミンの値**といいます．

いっぽう，Dの立場に立って考えてみなければ不公平です．表

表8.5 Cから見たマクシミンの値

		Dの手			ミニの値
		D_1	D_2	D_3	
Cの手	C_1	－2	－1	4	－2
	C_2	3	－3	－4	－4
	C_3	2	①	3	1

8.6 を見てください．D が D_1 の手を使うと，D と同様に賢い C は C_2 の手で対抗して 3 もの利得をあげてしまうと覚悟しておく必要があります．これは，とりもなおさず，D が 3 だけの損失を覚悟することを意味します．つまり，第 1 列の中のマキシマム

表 8.6　D から見たミニマックスの値

		D の手		
		D_1	D_2	D_3
C の手	C_1	-2	-1	4
	C_2	3	-3	-4
	C_3	2	①	3
マキシマムの値		3	1	4

の値が D_1 の手が相手に許してしまう利得，言いかえれば，D の損失と考えなければならないのです．同じように，第 2 列中のマキシマムの値が D_2 の手を，また，第 3 列のマキシマムの値が D_3 の手を使ったとき C に許してしまう利得，すなわち D にとっての損失と覚悟するのです．そうと覚悟が決まれば，その中で最も小さな 1 になるように D_2 の手を選ぶのが，D にとっても最善策と言えるでしょう．

このように，それぞれの作戦で起こり得るマキシマムの損失どうしを比較して，その中からミニマムのものを選択することを**ミニマックス戦略**(minimax strategy)といい，その戦略で蒙る損失を**ミニマックスの値**といいます．

そして，ここがこの節の結論なのですが，D にとってのミニマックスの値と，C にとってのマクシミンの値とが一致したとき，そこにサドル点があり，その値がゲームの値となるわけです．

なお，ここでは C にとっての利得表で損得を考えましたから，D としては損失を最小にという観点からミニマックス戦略をとることになったのでした．しかし，C にとっての損失表を書きなおして考

えてみれば,Cもミニマックス戦略をとっていることがわかります.

ミニマックス戦略は,いくつかの戦略ごとに最悪の事態を考えて,その中からいちばん有利なものを選ぶわけですから,ずいぶん慎重な戦略といえるでしょう.これも,ある意味では最善の手の一種なのですが,利益最大をひたすら追いつづけてきたこれまでの手法とは,ひと味ちがうようにも思われませんか.

最後に,もうひとつの利得表を掲げてみました.表8.7が,それです.ミニマックスとマクシミンによってサドル点を見つけていただきたいところですが,すでに作業が終わっています.なんと,サドル点が2つもあります.したがって,EはE₁を選ぶ一手ですが,FはF₁とF₃のどちらを選んでもかまいません.

このように,サドル点は2つ以上あることもあるし,1つもないこともあります.サドル点がなければ両者に妥協点がないのですから,ことはめんどうです.では,どうするか……それは205ページから先のお楽しみです.

表8.7 サドル点が2つもある

		F の手			ミニの値
		F_1	F_2	F_3	
E の手	E_1	①	2	①	1
	E_2	-2	3	-5	-5
	E_3	-1	1	0	-1
マキシマムの値		1	3	1	

不要な手は捨てる

お楽しみの前に，少しだけ道草を喰うことを，お許しください．表8.8の左上に，Gが4つの手を持ち，Hも4つの手を持つ利得表があります．この表から，Hにとってのミニマックスとにとってのマクシミンとでサドル点を見つけ，ゲームの値を特定することは，もちろん可能です．けれども，ここで少し鑑定を変えてみようと思います．

Gが選べる手は4つもあるのですが，このうち，G_1とG_2とを較べてみてください．敵がH_1の手できたときの利得はG_1が3でG_2が2ですから，G_1が有利です．敵がH_2の手できたときはと見ると1対0でやはりG_1が有利，敵の手がH_3であってもH_4であってもG_2よりG_1の利得のほうが大きいではありませんか．敵の出方がどうであってもG_2よりG_1が優れているなら，G_1の手が存在する以上，

表8.8　劣る手を消していく

	H_1	H_2	H_3	H_4
G_1	3	1	2	1
G_2	2	0	-1	-2
G_3	0	-2	3	-5
G_4	4	-1	1	0

	H_1	H_2	H_3	H_4
G_1	3	1	2	1
G_3	0	-2	3	-5
G_4	4	-1	1	0

	H_2	H_3	H_4
G_1	1	2	1
G_3	-2	3	-5
G_4	-1	1	0

	H_2	H_4
G_1	1	1
G_3	-2	-5
G_4	-1	0

	H_2	H_4
G_1	1	1

G_2 の手に出番が回るはずがありません．それなら，G_2 の手を消してしまいましょう．

こうしてできた表8.8の右上の利得表を，同じ観点から調べてください．Gの手どうしの比較では，一方が4つの値とも他方を上回るような組合せは，もう見つかりません．しかし，H_1 と H_2 を比較するとどうでしょうか．全体的に H_1 の値のほうが大きいのです．この表はG側から見た利得表ですから，H側から見れば大きな数値は大きな損失を表わします．したがって，Gの手の如何にかかわらず，H_1 の手は H_2 の手より大きな損失をもたらすのですから，Hにとっても H_1 の手は存在する価値がありません．そこで H_1 の手を消してしまうと，右下の利得表となります．

実をいうと，右下のこの利得表は，前節の最後にサドル点が2つもある例としてご紹介した表8.7の利得表と同じなのです．前節では，この利得表にミニマックスとマクシミンの戦略を適用して2つのサドル点を見つけてしまったのですが，ここでは不要な手はないかと点検してみることにしましょう．

点検してみると，H_3 の手が全面的に H_2 の手より劣ることがわかります．そこで H_2 を消すと，下段中央の利得表ができます．さらに，この利得表を調べてみてください．なんと，G_3 の手は G_1 の手より劣るし，G_4 の手も G_1 の手より劣るではありませんか．それでは G_3 と G_4 を消してしまいましょう．ついに利得表は左下のようにまる裸になってしまいました．あとはもう消しようがありません．Gにとっては G_1 の一手しか残されていないし，Hには H_2 と H_4 の2つの手が残っていますが，これらの2手は甲乙がつけ難いのです．

こうして，これしかないというゲームの解が見つかりました．

手を混ぜて戦う

つぎの利得表は，表8.9のとおりです．もちろん，2人ゼロ和ゲームです．こんどは弱りました．I_1とI_2を見比べると一長一短ですし，J_1とJ_2を較べても一方が全面的に優れているとはいえないので，どの手も捨てるわけにはいきません．Jにとってのミニマックスは－1のところですし，Iにとってのマクシミンは2のところですから，両者にとってのサドル点は存在しません．したがって，IがI_2をとるとJはJ_1を選び，IがI_1に変わるとJもJ_2に変え，それではとIが再びI_2にするとJも再びJ_1にする……となって堂々めぐりです．

Iの立場で言えば，スパイを使って相手の手を探り出し，それに勝てる手を選べばいいのですが，いつも相手の手が探り出せるとは限りません．それどころか，こちらの手を察知されて裏をかかれる危険性も大です．そうなるとたいへんですから，裏をかかれないためにはI_1とI_2の手を混ぜて使わなければなりません．

混ぜて使うといっても，I_1とI_2の中間の手など存在しないのですから，最初の勝負ではI_1を使い，次の勝負ではI_2を，さらにつぎの勝負ではもういちどI_2を……というように混ぜるのです．ただし，I_1とI_2を規則的に配列したのでは，たちまち規則性を見破られて裏をかかれること必定ですから，乱数を使って確率的に混ぜる必要があります．

表8.9 Iの利得表

	J_1	J_2
I_1	2	−1
I_2	−2	3

相手のJにとっても事情は同じですから，JもJ$_1$とJ$_2$の手を確率的に混ぜてくると考えなければなりません．さて，どのように手を混ぜるのがIにとっての良策なのでしょうか．まず

　　　　Iが　I$_1$を使う確率を　x

　　　　Iが　I$_2$を使う確率を　$1-x$

としましょう．そして

　　　　Jが　J$_1$を使う確率を　y

　　　　Jが　J$_2$を使う確率を　$1-y$

とおきます．そうすると，I$_1$の手とJ$_1$の手がぶつかる確率はxyですし，I$_1$の手とJ$_2$の手が組み合う確率は$x(1-y)$などなどです．それらを表8.10に整理しておきました．

では，このゲーム1回あたり，Iの利得の期待値がいくらであるかを計算してみましょう．

$$\begin{aligned}
\mathrm{E_I} &= 2xy - x(1-y) - 2(1-x)y + 3(1-x)(1-y) \\
&= 8xy - 4x - 5y + 3 \quad &(8.1) \\
&= 8(x-\frac{5}{8})(y-\frac{4}{8}) + \frac{1}{2} \quad &(8.2)
\end{aligned}$$

表8.10　手の組合わせの確率

	J$_1$	J$_2$
I$_1$	xy	$x(1-y)$
I$_2$	$(1-x)y$	$(1-x)(1-y)$

---

*　数値を代入して計算するには式(8.1)のほうが使いやすいし，式の意味は式(8.2)のほうがわかりやすいので，両方を書いておきました．式(8.3)と(8.4)についても同じです．

となります.* すなわち，1回のゲームあたりIが平均していくらもうけるだろうかという期待値は，IがI_1とI_2とを混ぜる確率xばかりではなく，相手がJ_1とJ_2を混ぜる確率によっても左右されることがわかりました.

この式をグラフに描いてみたのが図8.2です．横軸がxで，縦

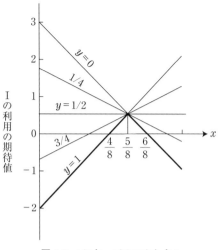

図8.2 Iにとってのマクシミン

軸がIの利得の期待値，つまり式(8.2)の値です．図にはyの値を0から1までの5段階に変化させて，各段階ごとにxと期待値の関係を直線で表わしてあります．$y = 0$の直線を見てください．$y = 0$であれば，xが0のとき利得は3，xがふえるにつれて利得は減少し，xが4/8のとき1，xが5/8のとき1/2，xが6/8のとき0となって，xを1にすると-1の利得にまで低下してしまいます．おもしろいのはyが1/2のときです．xがいくらであっても利得は1/2で，一定なのです．

ここで，Iの立場でマクシミンの戦略を適用してみてください．マクシミンの戦略は自分が選び得る手で得られる最小の利得どうしを比較して，その中から利得が最大になる手を選ぶのでした．あるxの値を選んだときに得られる最小の利得の期待値を連ねると，図

の中に太線で示したような折れ線になりますから，Ⅰにとってのマクシミンの手は太線の頂上，すなわち，xを5/8とすることです．そして，そのときの期待値は1/2であり，xを5/8にしておきさえすれば，Ｊがyをどのように変えてきても，期待値がそれより小さくなることはありません．

いっぽう，Ｊの立場からも考えてみましょう．ゼロ和2人ゲームですから，Ｊの利得の期待値はＡのそれにマイナス符号をつけたものです．したがって，Ｊの利得の期待値は

$$E_J = -8xy + 4x + 5y - 3 \tag{8.3}$$

$$= -8\left(x - \frac{5}{8}\right)\left(y - \frac{4}{8}\right) - \frac{1}{2} \tag{8.4}$$

となります．この式のグラフを図8.3に描いておきました．こんどは，横軸がyで，縦軸がＪの利得の期待値です．図に見るように，xが5/8のときにはyの値をどう選んでも期待値は$-1/2$で不変です．

この図を見て，Ｊにとってのマクシミン戦略を考えてみてください．yをいろいろと変化させたときに得られる最小の利得は図の中に太線で示したような折れ線になりますか

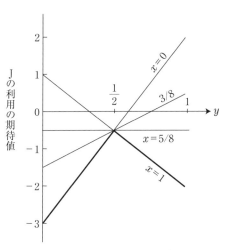

図8.3　Ｊにとってのマクシミン

ら，Jにとってのマクシミンの手は太線の頂点，つまり，yを$1/2$にすることです．そのときの期待値は残念ながら$-1/2$ですが，yを$1/2$にしておきさえすれば，Iがxをどんな値にしてきても，期待値がそれより悪くなることはありません．

ここで，Iの立場とJの立場を総合的に判断してみましょう．Iにとってのマクシミン戦略は，xを$5/8$にして，相手の出方にかかわらず1回のゲームあたり$1/2$の利得を期待することでした．いっぽう，Jにとってのマクシミン戦略は，yを$1/2$にして，1回のゲームあたりの損失を$1/2$に抑えることでした．こうして，このゲームについての妥協点は

　　　Iは　I_1を$5/8$，I_2を$3/8$の割合で混ぜる．

　　　Jは　J_1を$1/2$，J_2を$1/2$の割合で混ぜる

ことになり，ゲームの値はIにとって$1/2$，Jにとっては口惜しいけれど$-1/2$ということがわかりました．

このように，2つ以上の手を確率的に混ぜ合わせて使う戦略を**混合戦略***といいます．そう言えば，ジャンケンは3種の手を混ぜて使いますから，混合戦略です．これに対して，前節までのゲームのように，1つの手だけを使う戦略を**純粋戦略**と名づけています．

---

*　混合戦略は天候などの自然現象を相手にしても有効です．たとえば，アイスクリームとホットドッグを売っている人の場合，資金を全額アイスクリームにつぎ込むと暑い日なら6,000円のもうけ，涼しい日だと1,000円の損，また，資金をホットドッグだけに投入すると暑ければ2,000円の損，涼しいと3,000円のもうけとして，その人のとるべき手を求めてください．答は，アイスクリームに資金の$5/12$を，ホットドッグに$7/12$を分配するのがミニマックス解で，そのときの期待値は約1,333円です．計算過程は『確率のはなし(改訂版)』の163～168ページにあります．

最後にちょっとお耳を拝借……．Ⅰにとってのマクシミン戦略はI_1を5/8，I_2を3/5の確率で混ぜて使うことですが，もともとマクシミン戦略——ミニマックス戦略も同じ——は相手がこちらと同等以上に賢いと考えたときの安全策です．相手が愚かかもしれないのに最初から安全策をとる必要もあるまいと思われるむきは

(1) つぎのゲームでJが使う手を事前に察知できるなら，J_1に対してはI_1を，J_2に対してはI_2をぶつけてください．大勝確実．

(2) Jの手が読めなければ，I_1を5/8，I_2を3/8の確率でランダムに混ぜて使い，Jの手の混ぜぐあいを観察しましょう．

(3) J_1がJ_2より多めに使われているようなら，I_1を使う確率を少しだけふやします．稼ぎは少し上昇するはずです．けれども，勝ちをあせってI_1を大幅にふやすと敵に察知されて裏をかかれそう……．

(4) J_1がJ_2より少なめに使われているようなら，I_1を使う確率をそっと減らしてください．ゲームは有利に進むでしょう．

(5) 相手の手法がよくわからなければ，I_1を5/8の確率で使いつづけるのが安全です．これが，ミニマックスの思想です．

(6) 相手もこちらの戦法を解析しているようなら，ミニマックスの手を継続するほかに妙案はありません．

囚人のジレンマ

この章に割り当てられたページ数が残り少なくなってきましたので，ゼロ和2人ゲーム以外のゲームを2つほどご紹介しようと思い

ます．

どこかの国の話と思ってください．ＫとＬの2人が共犯の疑いで検挙され，それぞれ別室で取り調べを受けています．2人とも黙秘するなら，世間を騒がせた罪によってそれぞれ3年の懲役，2人とも白状すれば有罪が確定して，それぞれ8年の懲役，一方が白状し他方が黙秘すると，白状したほうは釈放され，黙秘したほうは10年の懲役……と両人は申し渡されています．文章で書くとわかりにくいので，利得表にまとめると表8.11のとおりです．欄内には2つの値がありますが，左側の値はＫに科される懲役年数で，右側の値はＬに科せられる懲役です．

ＫとＬはこのゲームは，一方の利得が他方の損失という関係がないので，ゼロ和ゲームではありません．そのせいか，ＫもＬもおおいに悩むはめになります．白状して釈放されたいのはやまやまですが，相手も白状してしまうと懲役8年を喰うし，相手が黙秘してくれるなら，自分も黙秘して3年の懲役ですませたいところですが，相手に白状されてしまうと10年もの豚箱暮しです．どうしたらいいでしょうか．

このタイプのゲームは**囚人のジレンマ**というニックネームをいただいているだけあって，ひとすじ縄ではいきません．懲役年数はマイナスの利得ですから，表8.11をふつうの利得表になおしてみましょうか．表8.11の値を利得になおすために，いっせいにマイナス符号をつけます．さらに，ＫもＬも検挙された以上，5年くらいの懲役は

表8.11 囚人たちの懲役年数

| | | _____L_____ | |
		黙　秘	白　状
Ｋ	黙　秘	3, 3	10, 0
	白　状	0, 10	8, 8

協力はしたいし、裏切りはこわいし

表8.12 囚人たちの利得表

		L	
		黙秘	白状
K	黙秘	2, 2	-5, 5
	白状	5, -5	-3, -3

表8.13 軍事バランスの利得表

		L国	
		軍縮	軍拡
K国	軍縮	2, 2	-5, 5
	軍拡	5, -5	-3, -3

観念しているようですから，いっせいに5を足しましょう．こうしてできたのが表8.12の利得表です．欄内の2つの値のうち，左はKの，右はLの利得を示しているところは前と同じです．

実は，現実の世界でも囚人のジレンマがよく起こります．その一例として，囚人たちの利得表の黙秘を軍縮に，白状を軍拡に置き換えてみました．それが表8.13です．K国とL国が話し合って軍縮に成功すれば，両国とも軍事費の負担は減るし脅威も減るので好都合です．ところが，一方が話し合いに従って軍

縮したとたんに他方が裏切って軍拡し，軍事力をバックに無理難題を押しつけたり軍事的に制圧したりすれば，まさに正直者はバカを見てしまいます．それがこわいというのでお互いに軍拡に走れば，両国にとって同じように不幸です．

このゲームには答がありません．最良の答は，囚人の場合でも国対国の場合でも，お互いの信頼関係を確立することですが，こうなると，オペレーションズ・リサーチの範ちゅうかどうか疑わしくなります．

なお，囚人のジレンマと似た利得表の2人ゲームであっても，利得の大小関係によって悩みの性質も変わります．協力したくなるゲーム，裏切りたくなるゲーム，血迷ってしまいそうなゲームなど，世の中の協調関係や対立関係などをゲームにモデル化してみるのも，おもしろいでしょう．

3人以上のゲーム

ある業界で，2つの大手メーカーがシェアを競い合うと同時に，いくつかの中小メーカーもシェア合戦に割り込んできています．表8.14は，その利得表です．

たとえば，MがM$_1$，NがN$_2$の手を使う欄に〔2, 3〕と書いてあるのは，M社のシェアが20%，N社のシェアが30%で，残りの50%は他の中小メーカーの

表8.14 MとNの利得表（3人以上の一定和ゲーム）

		Nの手		
		N$_1$	N$_2$	N$_3$
Mの手	M$_1$	3, 3	2, 3	3, 3
	M$_2$	9, 1	2, 4	4, 3
	M$_3$	3, 1	4, 4	4, 2

シェアを合算したもの，と思っていただくのです．したがって，このシェア争いは多数社の一定和ゲームなのですが，はて，M社のとるべき作戦は……？

Mの立場からいえば，最大の利得9を期待してM_2の手を選びたいところですが，そうするとNはN_2の手を使ってくるでしょう．このままではMの利得が僅か2になってしまいますから，Mは手をM_3に変更します．NにとってはMの手がM_2からM_3へ変わっても利得が減るわけではないし，ほかの手に変えれば利得が下がってしまいますから，N_2の手を継続することになるでしょう．このようにして，MはM_3の手で4の利得をあげ，NはN_2の手で同じく4の利得をもらって妥協が成立しました．そして，相手が作戦を変えない以上，こちらも作戦を変える必要もないし，作戦を変えれば損をするという事情もサドル点に似ています．

ところが，実はMにとって奇抜で効果的な作戦があるから傑作です．Mは自分ではM_2の手を選び，同時にNに対してN_1の手を使ってくるよう働きかけるのです．もちろん，Nの利得はたった1に下がってしまいますから，Nが無条件で承知するはずがありません．そこでMは，NがN_1の手を採用してくれたらMの利得の中から4をNに贈ると提案するわけです．それならNの利得の合計は5になり，他のどのケースより有利ですから，Nは承知してくれるでしょう．Mの利得は差し引き5になりますが，それでもさきほどの妥協点より有利ではありませんか．

このように，3人以上のゲームでは，談合，結託，仲間割れ，裏切りなどが起こる余地があるので，なかなか理論的に割りきれないところがあります．

もうひとつ，3人一定和ゲームの例をご紹介しましょうか．甲，乙，丙の3人が多数決でものごとを決めることになりました．したがって，2人が結託するとなんでも決められます．まず，甲と乙が結託して利益を山分けしました．甲，乙，丙の利益が

　　　1/2, 1/2, 0

となったのです．そこで丙は，乙に2/3の利益を渡すことを条件にして乙を誘い，丙と乙が結託したので，利益の配分は

　　　0, 2/3, 1/3

となりました．驚いた甲は，丙に結託を申し入れて成功し

　　　1/2, 0, 1/2

に挽回しました．そこで乙は，甲と丙のどちらかに利益の半分以上を渡すことを条件に結託を申し入れるのですが，甲と丙とが分け前のダンピング合戦をはじめてしまいました．もう，しっちゃかめっちゃか……．

　オペレーションズ・リサーチは社会現象を取り扱いますから，いろいろな性格や意志をもった人間どうしの生臭い利害関係も，当然，対象としなければなりません．経済行動を分析するための数学理論として誕生したゲーム理論ですが，いまでは，社会科学や人文科学，自然科学や情報科学など，いろいろな分野で研究されています．けれども，ゲーム理論はいまだ成熟した学問とは言えず，今後ますます，その役割が大きくなることが期待されます．

9. 意思決定への道

確実性のもとで

　人生は，それこそ，大小さまざまな意思決定の連続です．自分の出生が自分の意志とかかわりなく起こってしまったのは遺憾ですが，長じてからは，雨傘を持とうか，電車とタクシーのどちらにしようかというレベルから，進学，就職，結婚，転居などのレベルまで，つぎからつぎへと意思決定を迫られます．

　この事情は個人の人生ばかりではなく，企業にとっても国家や民族にとっても同様です．ひょっとすると，人類の歴史にとっても同様なのかもしれません．そして，意思決定の良否の積み重ねでそれらの盛衰は決まってゆきます．

　意思決定を迫られたとき，私たちは迷います．いや，迷うからこそ意思決定が必要なのかもしれません．その「迷い」には2つの原因があるように私には思えます．そのひとつは，価値観や人生哲学の不徹底によるもので，溺れる幼児を命を賭けても救助しようかと

か，拾った1万円を届けようかといった場合に生ずる迷いです．この「迷い」は，いかに社会現象であるといっても OR には馴染みそうもないので，ここでとりあげることはご容赦いただき，価値感や人生観を徹底することによって迷いから脱却してくださるよう，おねがいいたします．

「迷い」のもうひとつの原因は，意思決定に必要な情報が完全には揃っていないにもかかわらず決断を迫られるからでしょう．こちらのほうは，OR がぜひともとりあげなければならないテーマです．なにしろ，OR の使命は意思決定の「迷い」を軽減し，あるいは，払拭するために，整理し加工された良質の情報を意思決定者に提供することなのですから……．

意思決定を迫られるときの環境は，つぎのように分類できるように思われます．

(1) 将来の見通しが確定的(deterministic)＊な場合

こういうとき，「確実性のもとでの意思決定」といいます．

(2) 将来の見通しが確率的にわかっている場合

このときには，「リスクのもとでの意思決定」といいます．

(3) 将来の見通しが確率的にわからない場合

「不確実性のもとでの意思決定」です．

(4) 例外的な特殊事情がある場合

「特殊事情のもとでの意思決定」ということがあります．

(5) 競争相手がいる場合

「競争のもとでの意思決定」というのがふつうです．

＊ 「確定的」の意味については，174ページをご参照ください．

ここでは以上のように5つのタイプに分類してみましたが,この分類は,オペレーションズ・リサーチや**決定理論**などで学問的に統一されたものではありません.「競争のもとでの意思決定」を「不確実性のもとでの意思決定」に含めてしまう先生方も少なくないし,また,「特殊事情のもとでの意思決定」をとりあげない先生もおられます.この本では,考え方に見落としがないように,5つの分類に従って話を進めていこうと思います.

まず,「確実性のもとでの意思決定」です.将来の見通しが確定的なら迷うことなく最善の手をとればいいに決まっています.それにもかかわらず迷うことが多いのは,情報がじゅうぶんに加工されていないために最善の手が見えないからです.そのときこそ,ORの各種の手法の出番です.第1章以来つぎつぎと各種の手法をご紹介してきたのは,そのためでした.たとえば……

通勤時間を節約するためのワンルームを選択するために,節約時間と価格との情報を加工して費用対効果の比較表を作り,意思決定者に提供しました.また,スッポンもどきの養殖のためには,各種の飼料に含まれる栄養と価格などの情報を線形計画法によって加工し,飼料の最善の混ぜぐあいを教えたのでした.つづいて,出発点から終点までのたくさんのルートがあって,どの道が最短のルートかわからずに迷っているときには,動的計画法によって最短ルートを見つけてあげたりもしました.さらに,作業手順が複雑に入りくんでいて,どこに格段の配慮をすれば工期が縮まるのか見当がつかないときには,PERTによってクリティカルパスを見つけ,意思決定の責任者の迷いを取り除いたこともありました.

こうして,ORのいろいろな手法の力を借りて整理され,加工さ

れた良質の情報が意思決定者に提供されれば「確実性のもとでの意思決定」は円滑に行なわれ，ORはそれの責任をじゅうぶんに果たしたというものでしょう．

なお，ほんとうの話，なにが「最善」かは，かなりむずかしい問題です．カネ，労力，時間，資材などの資源の投入は少ないほど良く，その結果うまれる効果は多いほどいいのですが，では，少ないとか多いとかはなにを物差しにして測るのでしょうか．ふつうは金額に換算しますが，換算の仕方が投入資源や効果に正比例させていいか否か，かなり疑問です．その証拠に，のどが乾いたときの1ぱいめの水と2はいめ，3ばいめの水が同じ価値とは思えないではありませんか．主観的な価値は，必ずしも数量に正比例しないのです．この件については，後ほど1つの節に整理してみようと思っています．

リスクのもとで

災害を喰いものにするようで悪いのですが，単なる例題ですからお許しください．ある資材Aを買っておいた場合，ある期間内に災害が起これば8のもうけ，起こらないと1のもうけ，また，別の資材Bを買っておいた場合は，災害が起これば7のもうけ……などのけしからん利得法が表9.1に示してあります．

最近はいろいろな災害を予知する技術が進歩してきましたので，そのおか

表9.1 けしからん利得表

	災害	
	あり	なし
A	8	1
B	7	3
C	4	4

げで

　　　災害が起こる確率　　　　0.4

　　　災害が起こらない確率　　0.6

であることがわかっているとしましょう．A，B，Cのうち，どれを選択するのが良策でしょうか．こういう場合には，まず，もうけの期待値を比較してみるのがふつうです．すなわち

$$
\left.
\begin{array}{l}
\text{Aの期待値} = 8 \times 0.4 + 1 \times 0.6 = 3.8 \\
\text{Bの期待値} = 7 \times 0.4 + 3 \times 0.6 = 4.6 \\
\text{Cの期待値} = 4 \times 0.4 + 4 \times 0.6 = 4.0
\end{array}
\right\} \quad (9.1)
$$

だからBを選ぼう，というわけです．このように，期待値をできるだけ大きくしようという作戦の原理を**期待値原理**などと呼ぶ人もいます．

　期待値原理に基づいた選択の例題を，もうひとつご紹介したいと思います．こんどは，ちょっとめんどうです．目の前にうまい仕事があり，受注できれば1,000万円の利益をあげられるのですが，受注工作のために300万円の資金を投入しなければならないし，300万円を投資しても受注に失敗することもあります．長年の経験から得た勘によれば，受注に成功するか失敗するかは五分五分です．受注に成功すれば差し引き700万円のもうけですが，失敗すれば300万円の丸損ですから，まさに一か八かです．

　そこで，50万円の調査費を使って受注の可能性を確かめてみる手もありそうです．調査の結果，受注の見込みが大とでた場合には，300万円の投資をして工作すれば9割は受注に成功するし，受注の見込みが小とでた場合には，工作しても受注に成功する確率は1割しかありません．そして，調査の結果が受注の見込み大となる

か小となるかは五分五分です．さあ，

　　A．　直ちに受注工作をする

　　B．　まず，調査してみる

　　C．　受注をあきらめる

のどれを選びましょうか．

話が混みいっていますから，筋書きを図9.1に描いてみました．図を見ながら付き合ってください．まず決心の分かれ道は，受注工作をする，調査する，あきらめる，の3つに分かれていきます．受注工作の結果は成功と失敗に分かれ，成功すれば700万のもうけ，失敗すれば300万円の損です．

調査の結果は受注の見込み大と小に分かれています．見込みが大のときは，受注工作を行なって成功すれば調査費と工作費を差し引

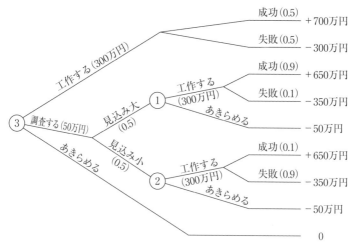

図9.1　受注のためのデシジョン・ツリー

いて 650 万円のもうけ，失敗すれば調査費と工作費の合計 350 万円が丸損です．また，受注工作をせずにあきらめてしまえば調査に使った 50 万円だけが赤字として残るでしょう．

調査の結果，受注の見込みが小とでたにもかかわらず工作を強行して成功すれば 650 万円のもうけであり，失敗すれば 350 万円の丸損ですが，さっさとあきらめてしまえば 50 万円の調査費の損だけですみます．

最初から受注工作もせず，調査もせずにあきらめてしまえば，もうけも損もゼロであることは言うまでもありません．

このように，決心と成果の分岐点を木の枝のように図示したものを**決定の木**(decision tree)といいます．文字どおり，決定のために描かれた木だからでしょう．

では，デシジョン・ツリーを見ながら，受注工作，調査，断念のそれぞれについて期待値を計算していきます．まず，直ちに受注工作をする場合の期待値は簡単です．

$$700 \times 0.5 - 300 \times 0.5 = 200 \text{ 万円} \tag{9.2}$$

ですから，平均的に言えば，200 万円のもうけが期待できることになります．

つぎは，調査をする場合の期待値です．これはちょっと頭を使います．①のところで「工作をする」を選んだときの期待値は

$$650 \times 0.9 - 350 \times 0.1 = 550 \text{ 万円} \tag{9.3}$$

です．これは①まできながら「あきらめる」ときの − 50 万円に較べてずっと上等な値ですから，①にきたときには「工作する」を選ぶのが至当であり，その期待値は 550 万円です．いっぽう，②の状況になったにもかかわらず工作したときの期待値は

$$650 \times 0.1 - 350 \times 0.9 = -250 \text{ 万円} \tag{9.4}$$

ですが，これは②のあとで受注をあきらめるときの損失 50 万円よりずっとひどい値ですから，②の状況に立ちいたったならば，ちゅうちょなく受注をあきらめて損失を 50 万円で喰いとめなければなりません．つまり，②のところの期待値は − 50 万円なのです．そうすると，③から調査する方向を選ぶときの期待値は

$$550 \times 0.5 - 50 \times 0.5 = 250 \text{ 万円} \tag{9.5}$$

と評価されることになります．

最後に，③から直ちにあきらめてしまうような期待値は紛れもなくゼロです．こうして

- A. 直ちに受注工作する　の期待値は　200 万円
- B. まず，調査をしてみる　の期待値は　250 万円
- C. 受注をあきらめる　の期待値は　　0 万円

であることが判明しました．もう，期待値原理による選択の答は明らかです．

このように，リスクのもとでの意思決定，つまり，将来の状態が確率的にわかっているだけに，失敗するリスクも計算のうえで行なう意思決定は，期待値原理に拠ることが多く，146 ページあたりでご紹介した「新聞売り子問題」なども，この観点から期待値が最大になるように仕入れ個数を決めたのでしたが，正直なところ，このような選択の仕方には若干の疑問もないではありません．

期待値はそもそも，同じことをなん回も繰り返すと考えたときのもうけの平均値です．ですから，日常的に類似の意思決定が繰り返されているなら，期待値原理に拠るのがもっとも大きな利得をあげる道でしょう．けれども，一発勝負の意思決定に際して期待値を拠

りどころにするのは、やや的外れの感がなくもないのです。あと少し補足させていただこうと思っています。

不確実性のもとで

もういちど、表9.1と同じけしからん利得表が載せてありますが、こんどは災害が起こる確率がまるで見当もつかないものとして、A, B, Cのどれかを選択していただきたいのです。このような場合には意思決定者が立脚する立場によって答が変わってきます。

表9.1 けしからん利得表

	災 害	
	あり	なし
A	8	1
B	7	3
C	4	4

〔楽観的な選択〕 Aを選ぶとうまくいけば8, Bならうまくいくと7, Cだとうまくいっても4, だからAに決めようという立場です。それぞれの選択で生ずるいちばん大きな利得どうしを比較して、その中からもっとも大きいものを選ぼうというのですから、マキシマックスの原理によって意思を決めていることになります。都合のいいほうばかりを考えるのですから、まさに楽観論の権化です。楽観すぎて、思考過程の形式としてはともかく、現実的な意思決定の根拠としては首をかしげたくなります。

もっとも、材料の性質を見きわめるには、超低温とか高荷重のような極端な条件を与えてみる必要があるように、思考の整理のために極端なケースを想定してみるのも意味のあることかもしれません。

〔悲観的な選択〕 Aを選ぶとへたをすれば1, Bならへたをする

と 3, C だとへたをしても 4, だから C に決めようという立場もあります. ご存知, ミニマックスの原理です. こちらのほうは悲観的というよりは穏健な指針なので, 現実の意思決定に役に立ちそうです. ちょうど, 民主主義が能率はよくないけれど大きな誤りを犯す心配がないように, です.

〔中間的な選択〕 マキシマックスはいくらなんでも楽観的にすぎるし, ミニマックスは慎重すぎて気に入らないから, その中間に選択の基準を設けようという思想もあります. そのために楽観係数という値を導入します. 楽観係数はゼロから 1 までの値で, ゼロに近いほど悲観的, 1 に近いほど楽観的であることを示します. そして, ある選択の結果のうち大きな利得のほうに楽観係数をかけ, 小さな利得のほうに 1 から楽観係数を引いた値をかけて, 合計し, それらの値を比較して選択しようというわけです. たとえば, いまは業績もほどほどだからやや慎重にということなら, 楽観係数を 0.3 くらいにしてみてください.

$$
\begin{aligned}
&\text{A}: 8 \times 0.3 + 1 \times 0.7 = 3.1 \\
&\text{B}: 7 \times 0.3 + 3 \times 0.7 = 4.2 \\
&\text{C}: 4 \times 0.3 + 4 \times 0.7 = 4.0
\end{aligned}
\tag{9.6}
$$

となりますから, B を選べばいいでしょう.

〔ラプラスの法則による選択〕 確率がまるで見当もつかないなら, 人類の知恵や経験を総動員してもほんとうに見当もつかないなら, きっと五分五分くらいの確率なのでしょうから, いっそのこと 50% ずつの確率とみなしてしまえ, というのが**ラプラスの法則**です. そう覚悟を決めてしまえば期待値が計算できますから,

$$\left.\begin{array}{l}\text{Aの期待値} = 8 \times 0.5 + 1 \times 0.5 = 4.5 \\ \text{Bの期待値} = 7 \times 0.5 + 3 \times 0.5 = 5.0 \\ \text{Cの期待値} = 4 \times 0.5 + 4 \times 0.5 = 4.0\end{array}\right\} \quad (9.7)$$

を比較してBを選ぶことになります．

〔リグレットを最小にする選択〕 災害が起こることを期待してAにしていたところ，災害が起こらずに1しかもうかりませんでした．それならCにしておけば4はもうかったはずなのに，3だけもうけ損なって残念(リグレット)……というわけで，「Aで災害なし」の欄には3と記入してください．また，災害が起こることを期待してAを選んでいたところ期待どおりに災害が起こって8の稼ぎがあれば，残念さはゼロになります．こうして作られたのが表9.2のリグレット表です．

表9.2 リグレット表

	災害	
	あり	なし
A	0	3
B	1	1
C	4	0

リグレットは残念さですから，マイナスの利得です．したがって，ミニマックスの思想をこの表に適用するには，マクシミンを使わなければなりません．すなわち，Aだと下手をすれば3，Bならへたをしても1，Cはへたをすると4，だからBを選ぼうとなるでしょう．このような選択の基準が「リグレットを最小にする選択」です．

なお，リグレットは経済学でいう機会損失(opportunity loss)に相当する概念ですから，その用語を使うなら，このような選択を「機会損失を最小にする選択」といってもいいでしょう．大もうけなどしなくてもいいから口惜しい思いはしたくない，あるいは，決断の悪さを責められたくないという方には有用な選択法かもしれま

特殊事情のもとで

表9.3のように4種類のくじがあると思ってください.くじDは当たる確率は0.9と高いけど賞金は安めの100万円,くじEは当たる確率はほどほどの0.7で賞金もほどほどの300万円,というように見ていただくのです.

表9.3 4種類のくじ

くじ	当たる確率	賞　金
D	0.9	100万円
E	0.7	300万円
F	0.4	600万円
G	0.1	1,000万円

このくじのうち1枚をもらえるなら,どれにしましょうか.

さっそく期待値を計算して比較し,Fを選ぶ人もいるでしょう.この選択は**期待値原理**によるものです.けれども,前に書いたように期待値はその賭けをなんべんも繰り返したときのもうけの平均値です.1回ぽっきりの賭けならFを選んだ結果は600万円かゼロのどちらかであって,600万円 × 0.4 = 240万円という期待値どおりの結果には絶対になりません.

もちろん,それは承知のうえで,それでも期待値のもっとも大きなくじを選ぶのも,ひとつの見識です.しかし,このほかにもいくつかの考え方があります.

そのひとつが**最尤未来原理**と呼ばれるものです.尤は,もっともだ,もっともだ,というときの「もっとも」であり,合点がいくという意味ですから,いちばん合点のいく未来を選ぼうとする原理です.つまり,不確実なものには目もくれず,少しでも確率が100%

立場によって決心はまちまち

に近いものを選択しようというのです．したがって，表9.3の場合には，Dのくじをもらうことになります．

　期待値があまりちがわない手の中から1つを選ぶときには，この原理もおもしろい考え方のひとつかもしれません．けれども

　　　　0.9 の確率で　　1万円が当たるくじ

　　　　0.8 の確率で 1,000 万円が当たるくじ

のように期待値が大きく異なるときに，それでも確率の大きいほうをという選択は，どうでしょうか．

　もうひとつの考え方に**要求水準原理**というのがあります．これは，必要とする金額がはっきりしているなら，その金額より大きな利得があげられる手の中から，いちばん確率の大きいものを選ぶという原理です．これは説得力があります．800万円が手にはいらなければ首を吊るという人にとっては，Gのくじしか必要ないし，また，400万円が首を吊る境めの人は，確率の小さな 1,000 万円くじ

よりは，確率の大きな600万円くじを選ぶべきだからです．

DからGまでの4枚のくじについて，最尤未来原理を拠りどころにするならDをもらい，800万円という要求水準があるならGを選び，期待値原理に従うならFをとるとなりました．ただし，今回のような一発勝負のときに期待値原理に従うのは，やや疑問があるのでした．それなら，一発勝負むきの選択水準があるのでしょうか．これに答えるために「効用」の考え方を，節を改めてご紹介しようと思います．

その前に順序として，「競争のもとでの意思決定」にも触れなければなりませんが，これは，前章の「ゲームの理論」を参照していただくに留めたいと思います．

効用は金額に比例しない

のどが渇いたとき，コップいっぱいの水はなにものにも代えられません．けれども，2はいめになるとありがたみが薄れてくるし，3ばいめともなればありがたいとも思わないでしょう．

こういう感覚は社会生活のいたるところで見られます．1人めの子供はたいせつにするのに，2人め，3人めとなるとだんだんに放りっぱなし，また，初舞台の感激は一生忘れられないのに，舞台を重ねるにつれてマンネリズムに陥りやすいものです．ゼニ勘定でいうなら，貧しいときには1万円の出費でも血を吐く思いなのに，小金が溜ってくると1万円くらいのむだづかいは気にもとめなくなります．物理的な刺激を例にとれば，まっ暗な部屋に電灯を点すといっきに明るくなりますが，電灯の数を2個，3個とふやしても，

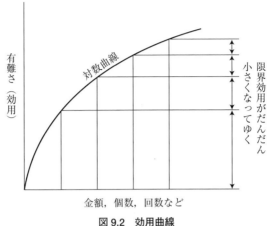

図 9.2 効用曲線

それと比例して明るく感じるわけではありません．

このような感覚をグラフに描いてみると，図 9.2 のようになるといわれています．横軸に金額，個数，回数などの量をとり，縦軸にはそれから感じる有難さ——これを**効用**といいます——をとると，効用は量に比例して直線的に増大するのではなく，量の対数に比例してしか増大しないのです．*

経済学では，ある財（モノおよびサービス）を 1 単位追加することによって得られる効用の増加分のことを**限界効用**というのだそうです．一般的に，消費する財がふえるほど限界効用は減少する性質があり，これを**限界効用逓減の法則**と呼ぶそうです．のどが渇いたとき，最初のコップいっぱいの水に 300 円の限界効用があるとすれば，2 はいめの水は 100 円，3 ばいめの水は 50 円というように，限

---

* 効用が量の対数に比例するという説には科学的な根拠があります．興味のある方は，『システムのはなし』の 204 ページをご参照ください．

界効用が逓減してゆく，ということでしょう．

　このような観点に立つなら，個人レベルばかりでなく，企業レベルでも，あるいは国家レベルでも，金銭や資源などの量で表わされる利益や利得の大きさで価値判断をするのではなく，それらが生み出す効用の大きさによって価値を測るのが，ほんとうではないでしょうか．219ページでも問題提起をしたように，ORの各種の手法は意思決定者に対して「最善」の案を提供するとはいうものの，最善の物差しはたいてい金額であり，効用ではありません．効用が最大になるような提案をすべきではないかと思うのです．

　理屈は，そのとおりなのですが，ここに困った問題があります．限界効用の逓減の仕方は時と場合によって極端に異なります．つまり，効用曲線の対数の底が一定ではないのです．たとえば，死にそうにのどが渇いているときには，1ぱいごとに300円，180円，120円，100円……というように，なかなか逓減しないのに，たいして渇いていなければ100円，10円，3円……とたちまち逓減してしまいます．そのうえ，効用はかなり主観的に決まりますから，たとえT，P，O (Time, Place, Occasion) を揃えたとしても，いつも万人に共通な値になるとは限りません．したがって，同じ条件のもとでは同じ結果になるという再現性に乏しいため，科学の対象としては扱いにくいのです．

　けれども，逆の立場から見るなら，効用こそ個人の価値観そのものであり，また，経営者の経営理念の表れともいえるでしょう．そのため，ORの実務者は，やはり金額などを物差しにして最善を追究した結果を意思決定の責任者に提出し，意思決定の責任者が効用を物差しにした最善に換算したうえで決断するのが正しいと，私は

思っています．いずれにせよ，意思決定の責任者が効用という物差しの存在を認識し，日頃から効用に対する感性を磨いておくことが，正しい決断ができるか否かの分かれめでしょう．

一発勝負では効用を最大に

効用は財の対数に比例するというのが，効用の一般的な法則ですが，確率がからんでくると少し修整しなければなりません．

ちょっとした心の葛藤と戦っていただきます．目の前に50万円の現金と100万円が当たるくじがあると思ってください．この100万円くじが当たる確率が0.5だとしたら，現金50万円と100万円くじのどちらをお選びになりますか．期待値はともに50万円なのですが，あなたはきっと50万円の現ナマのほうに手を出されるでしょう．それがふつうなのです．最尤未来原理の感覚がだれにもあるのですから……．

では，100万円のくじの当たる確率が1だとしたら，どうでしょうか．こんどは，100万円が確実に手にはいるのですから，50万円の現金には見向きもしないで100万円くじを選ぶに決まっています．そうすると，100万円くじの当たる確率が0.5から1までの間のどこかに，100万円くじをとろうか50万円の現金をとろうかと迷って決めきれない分岐点がある理屈です．心静かに，当たる確率が0.6ならどうか，0.7ならどうかと価値判断をしてみてください．そして，かりに，当たる確率が0.8の100万円くじと50万円の現金とがあなたにとって価値が等しそうだと感じたら，グラフ用紙に図9.3の〔例1〕のように点を記入するのです．

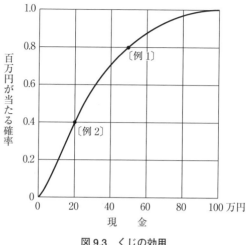

図 9.3 くじの効用

つづいて，目の前に現金 20 万円と 100 万円くじとが並べてあると想像してみましょう．そして，100 万円くじの当たる確率がいくらのときに，現金 20 万円と 100 万円くじが等しい価値に感じるかを自問してください．その結果，当たる確率が 0.4 のときに 100 万円くじと現金 20 万円とが等価値と感じたら，〔例 2〕のように点を打ちます．

こうして現金の額をいろいろに変化させながら，それに見合う 100 万円くじの当選率を記録していくと，図 9.3 のような曲線が描かれます．この曲線が，100 万円くじに対するあなたの効用曲線です．当たる確率が 0.8 の 100 万円くじは，あなたにとって 50 万円の効用があり，当たる確率が 0.4 の 100 万円くじには，20 万円の効用しか見出していないのです．

このような効用曲線は T，P，O によっても異なりますが，各人

の性格によっても差が見られます。図9.4を見てください。ふつうの人の効用曲線は図9.3と同じように「標準型」をしています。もしも価値観が数学的な期待値のとおりなら、効用曲線は図中に点線で書き入れた対角線と一致するばずですが、ふつうの人の効用曲線は左下隅のごく一部を除いて、対角線より上方に位置します。これは、当たらないかもしれないという不安のために、くじの価値は期待値よりも常に安く評価されていることを意味します。逆にいえば、絶対に確実な現金のほうに大きな価値を認めているとも言えるでしょう。

この傾向がいっそう強くなったのが「ガッチリ型」です。彼にとっては、当選率が0.9の100万円くじは、期待値が90万円もあるにもかかわらず、1円にもならない可能性が10%もあるというので、40万円くらいにしか評価されません。彼にとって、確実な現金に

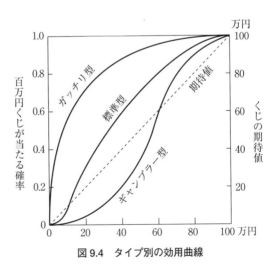

図9.4 タイプ別の効用曲線

まさる夢はないのです．そして，この傾向が高じた極限が最尤未来型となります．

これに対して「ギャンブラー型」の効用曲線は，対角線より下方に位置する部分が多くなっています．つまり，当選率が0.2の100万円くじは期待値は20万円しかないけれど，それにもかかわらず現金40万円よりはくじを選んで一攫千金を狙おうというのですから，まさにギャンブラーの面目躍如たるものがあるではありませんか．

ところで，どのタイプであっても，右上隅のほうでは効用曲線が対角線を上回っています．これが，保険が成立する理由です．図9.5の右下には，100万円の財産を0.001の確率で失う恐れがあるとき，3千円の保険料を支払って財産を守ろうという場合が例示してあります．保険をかけないときには0.999の確率で100万円の財産が残りますから，ちょうど0.999の確率で100万円が当たる宝く

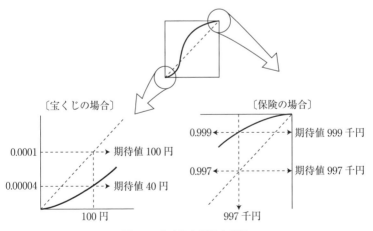

図9.5　宝くじと保険の効用

じとみなすことができ，その期待値は 99 万 9 千円です．これに対して，3 千円の保険料を払えば財産は 99 万 7 千円に減少しますが，災害の有無にかかわらずそれだけは手元に残りますから，これは確実な現金 99 万 7 千円に相当します．つまり，この保険の場合には，期待値 99 万 9 千円の宝くじの効用が，99 万 7 千円であることを意味します．

保険会社としては，0.001 の確率で百万円支払うことになるのですから，支払いの期待値は 1,000 円にすぎません．それなのに 3,000 円の料金を受け取るのですから，営業としてはらくに成立します．客の立場からみても，この保険に 3,000 円以上の効用を見出しているのですから，両者とも不満のないところでしょう．

これと対照的なのが宝くじです．標準型やギャンブラー型の効用曲線では，左下のほうに期待値を表わす対角線より下にきている部分が見られます．これは，少しぐらいの現金をもらうくらいなら，たとえ当たる確率が小さかろうとも，100 万円の夢を追うという心情を表わしていて，これこそ宝くじが売れる理由にほかなりません．一例として図 9.5 の左下には，0.00004 の確率で 100 万円が当たる宝くじの場合を示してあります．この宝くじは，期待値が 40 円しかないのに，100 円の効用をもっているではありませんか．

市販されている宝くじの場合，発売元の自治体にとっては 1 枚 1 枚がひとつひとつの賭けですから，全体としてはなんと百万回も繰り返される賭けであり，したがって期待値が勝敗の分かれ目です．だから，期待値が約 40 円の宝くじを 100 円で売れば，もうかるのは確実です．

これに対して，宝くじを買う客の側からみれば一発勝負ですか

ら，効用が100円を上回る宝くじを100円で買い求めるのは理に適っています．けれども，繰り返し繰り返し宝くじを買って，それで生計を立てようなどと考えるのは，まったく理に反していて常軌を逸しているとしか思えません．

ここで，ごめんどうでも227ページの表9.3を見ていただけませんか．4種類のくじのうち，期待値原理に従うならF，最尤未来原理を拠りどころにするならD，800万円という要求水準があるならGを選ぶというのは一応の結論でした．そして，一発勝負のときに期待値原理に従うのは疑問があるとのただし書きをつけたのでした．そしていま，そのただし書きに答える準備ができたようです．一発勝負のときには，どうやら効用を最大にするような選択がもっとも推奨できるように私は思います．効用こそ，自分の人生のため，あるいは，企業や国のために貢献する度合いを評価する英知だからです．

ギャンブラー型でないふつうの人の場合，図9.3や図9.4から類推すると，0.7の確率で300万円当たるくじと，0.4の確率で600万円当たるくじとでは，どうやら前者のほうが効用が大きそうです．一発勝負ならEのくじを選ぶことにしませんか．

ちなみに，最尤未来型と要求水準型の効用曲線は図9.6のようになります．前にも触れたように，ガッチリ型が高じて曲線が左辺と上辺にへばりついてしまいまし

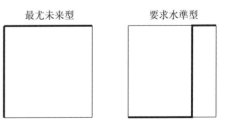

図9.6　特殊な効用曲線

た.また,要求水準型は,ある要求水準より少ない現金にはまったく価値がないので,当たる確率が限りなくゼロに近くてもくじを選ぶし,要求水準より多い現金があれば,いくら高額のくじであっても,当たる確率が100%でない限り現金をとることになります.

効用の話に多くのページを割きすぎたかもしれません.けれども,前節にも書いたように,ORの各種手法が提供してくれる最善の策は,多くの場合,金額などを物差しにして評価したものです. 178ページの表7.2にお見合作戦のシミュレーション結果がありましたが,この場合のように金額みたいな確固とした物差しがなければ,自然に自分の効用を尺度にして価値判断をしますから心配ないのですが,なまじ金額のような明瞭な数値でORの結果が示されていると,その数値に価値判断がひきずられ勝ちです.

そのとき,ぜひとも「効用」を思い出し,現実の問題にふわさしい効用に換算したうえで,判断と決断をしていただきたいと思います.こういうわけですから,意思決定の責任者にとって効用についての知識と感性は,いくら磨いても磨きすぎることはないでしょう.

意思決定に奉仕するOR

意思決定を助けるために最善の答を見出す科学的な手法をオペレーションズ・リサーチと総称するという趣旨のことを,この本ではなんべんも書いてきました.とはいうものの,考えてみれば物理学も化学も,また,電子工学も建築工学なども,多かれ少なかれ意思決定に貢献することのある科学的手法ではありませんか.ORに

ついての説明が少し舌たらずだったようです．

そこで，「意思決定」を「経営のための意思決定」と限定させていただこうと思います．人生の経営，企業の経営，自治体や国の経営のための意思決定というふうにです．こうすれば，ORと他の科学的な手法との相違がはっきりするでしょう．

それでは，この本の締めくくりとして，経営のための意思決定に奉仕するORの各手法どうしが，どのような関係にあり，どのように奉仕するのかを総括しようと思います．次の図は第1章に載せた図1.6を再掲したものですが，これを参照しながら話を進めましょ

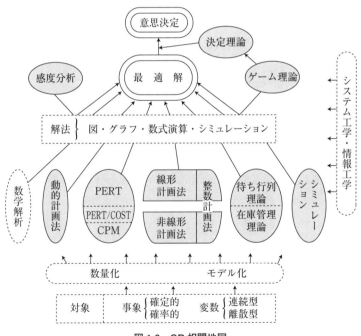

図1.6　OR相関地図

う.

　ORが対象とするのは社会現象です．ひとくちに社会現象といっても種々雑多なタイプがありますが，現象が確定的か確率的かによって取り扱い方が異なるし，また，目的関数や変数が連続型か離散型かによっても取り扱う手法が異なります．このことを図のいちばん下に書いておきました．

　もちろん，社会現象の雑多さは，この2項目だけで表わせるものではありません．対象が有形か無形か，現在か将来かなど，さまざまな観点からの分類が思い浮かぶでしょう．こういうとき，役人の文章では，必ず「等」を付けておきます．あれが抜けているではないかとの抗議にも対抗できるし，見落としの言い逃れにも使えるからです．しかし，この本は役人の文章とは目的がちがいますので，主要なものを列挙するに留め，「等」はすべて省略させていただこうと思います．

　対象とする社会現象をORの手法で処理するには，ふつうは数値で表わせないような，たとえば便利さとか楽しさのようなものさえ数値で表わし，モデルを作らなければなりません．そのため，近年では数量化の技術についての研究もずいぶん進歩しました．＊そして，その進歩はORが活躍する範囲を広げつつあります．

　こうして対象とする社会現象をモデル化したら，所望の目的関数を最大あるいは最小にするような答を見つける作業にかかります．

　もちろん代数とか微積分のようなふつうの数学解析で答が見つか

　＊　数量化の技術については『評価と数量化のはなし』を参考にしてください．また，刀根薫著『ゲーム感覚意思決定法』（日科技連出版社）も参考にされるとおもしろいでしょう．

ることも少なくありません．けれども，ありきたりの数学で答がうまく見つからないとき，このときこそ各種の OR 手法の出番です．

　OR の手法には，とっかえひっかえご紹介してきたように，さまざまなものがありますが，有名なのはなんといっても

　　　　LP，パート，シミュレーション

です．線形計画法(LP)は，いくつかの制約条件のもとで目的関数を最大または最小になるような答を見つける問題のうち，目的関数や制約条件が 1 次式だけで表わされている場合であり，混合問題や配分問題などに威力を発揮するのでした．そして，目的関数や制約条件が 1 次式だけでは表せない場合は非線形計画法として取り扱われ，素人衆にとっては手強いものの，広い応用範囲が期待されているのでした．また，線形または非線形計画法で変数に離散型なものが含まれていると，整数計画法という風変りな処理が必要になるのでした．

　PERT(パート)は，主として矢印と○とを組み合わせたアロー・ダイヤグラムを使いながら最適の日程計画を作ったり，日程を管理したりする手法であり，これにコストをからめた技法が PERT/COST と呼ばれるほか，線形計画法の助けを借りて経費を最小にするような日程計画の求め方が CPM として開発されているのでした．

　シミュレーションの立場は，LP やパートとは少し異なります．LP やパートと同様に，社会現象がモデル化されたのち最適の答を見出すための手段としても使われることはもちろんですが，それ以外でも縦横無尽の働きをします．社会現象を数量化したりモデル化したりするために模擬実験(シミュレーション)をすることも少なく

ないし，非線形計画法とか在庫管理などとして定式化された各種のOR問題を解くための有力な手段でもあります．とくに確率的な現象を対象に，とにかく一応の見込みをつけようというなら，シミュレーションはもってこいの働き手です．

ORの手法は，LP，パート，シミュレーションばかりではありません．窓口の数との関連で待ち時間などを確率的に取り扱う待ち行列理論，最適な在庫の量などを追究する在庫管理の理論，多段階の最適化を積み重ねて全体を最適にしようという動的計画法，役人の文章でなくても等と書きたくなるほど，これら以外にもさまざまなOR手法が開発されています．そして，これらの手法は，ときとして相互に助け合うことも少なくありません．在庫管理が線形計画法や動的計画法に理論的な根拠をおく場合があるように，です．

これらのOR手法に定式化された社会現象は，それぞれの手法に合致した方法で最適の解を見出すのですが，その方法には，図やグラフによるもの，数式を演算するもの，シミュレーションによるものがあります．線形計画法によって混合問題や配分問題を解いたときにはグラフを使ったし，待ち行列の理論を展開するにはこってりと数式の演算を楽しんだし，並列や直列システムの可動率を求めるときにはシミュレーションをしたのを思い出してください．

苦労して求められた最適解は意思決定の責任者に提供されます．状況によっては，それがゲーム理論による解析結果であることもあるでしょう．また，この際，感度分析のデータも忘れずに付記されます．これだけの情報を提供されれば，あとは経営の責任者が決定理論の思想を勘案のうえ，状況の全貌を正確に判断して，正しい決断を下さなければなりません．

こうしてORはその目的を果たすことができるのですが，その過程の各所で密接なかかわりをもつのが，システム工学と情報工学です．かかわりの強さや複雑さに言及している余裕のないのが残念ですが，ORではいつもシステム的な感覚が必要です．さもないと，局所的な最適化に熱中するあまり，全体の最適化を損なうことさえあり得ます．それに，コンピュータの利用技術も含めた情報工学も，OR技術者にとって有力な武器のひとつになっています．

　ORは純粋科学ではありません．実用科学です．モデル作りの精密さや数学的な厳密さにこだわってORを使う範囲を局限しないでください．大局観を失わず，しかし大胆に，斬新な発想のもとでのびのびと，むずかしい数式を使わないことを誇りに，平明で鮮烈な説得力をもって第三者をうならせることこそORの醍醐味なのです．

付　録

付録(1)　シンプレックス法

　第2章で使った割当問題を題材にしたシンプレックス法をご紹介します．問題は表2.2のとおりで，スッポン(も̇ど̇き̇を省略)をx, ウナギをyだけ養殖するとして

$$5x + 4y \leq 5 \qquad (1)$$
$$5x + y \leq 4 \qquad (2)$$
$$x + 2y \leq 2 \qquad (3)$$

の制約条件のもとで

$$z = 10x + 5y \qquad (4)$$

を最大にしたいのでした．

　シンプレックス法にはいる前に，頭で問題を解いておきます．この流れがそのままシンプレックス法の流れだからです．

　スッポンのほうがウナギより高価なので，まず，スッポンに全力投球してみます．$y = 0$ですから(1)〜(3)は

表 2.2　問題の設定(その2)

栄　養　素	スッポンもどき	ウナギもどき	制　限　量
炭 水 化 物	5	4	5
たんぱく質	5	1	4
脂　　　肪	1	2	2
単　　　価	10	5	

$$5x \leq 5 \quad \text{したがって} \quad x \leq 1 \tag{5}$$

$$5x \leq 4 \quad \text{したがって} \quad x \leq 0.8 \tag{6}$$

$$x \leq 2 \quad \text{したがって} \quad x \leq 2 \tag{7}$$

この中でいちばん厳しい制約は(6)ですから,これに従わざるを得ず,そのときの利益は

$$z = 10x = 10 \times 0.8 = 8 \tag{8}$$

となります.そして

$$\text{炭水化物の余りは} \quad 5 - 5 \times 0.8 = 1 \tag{9}$$

$$\text{脂肪の余りは} \quad 2 - 1 \times 0.8 = 1.2 \tag{10}$$

です.

こうして,とにかく実行可能な1つの解を得ました.60ページあたりの表現でいうなら,とりあえず1つの角を見つけたことになります.そこで,いまの解ではたんぱく質は目いっぱい使っているのに炭水化物と脂肪は余ってしまいましたから,たんぱく質をウナギのほうへ少し回してみたら,と考えます.yを1だけふやすためには(2)によってxを0.2だけ減らさなければなりませんが,それでも利益は

$$5 \times 1 - 10 \times 0.2 \times = 3 \tag{11}$$

だけふえますから,この考え方は成功しそうです.ただし,どれだけyをふやせるかは炭水化物と脂肪の余りぐあいにもよります.xを0.2へらし,yを1ふやすと

$$\text{炭水化物の増加は} \quad 4 \times 1 - 5 \times 0.2 = 3 \tag{12}$$

$$\text{脂肪の増加は} \quad 2 \times 1 - 1 \times 0.2 = 1.8 \tag{13}$$

です.ところが,炭水化物と脂肪の余りは(9),(10)のとおりですから,yがふやせる限度は

$$(9)によって \quad 1/3 \fallingdotseq 0.333 \tag{14}$$

$$(10)によって \quad 1.2/1.8 \fallingdotseq 0.667 \tag{15}$$

です.そこで,yを目いっぱいの0.333までふやすことにしましょう.

そうすると(1)と(2)のどちらからでも

$$x = 0.733 \tag{16}$$

となり，そのときの利益は

$$z = 10 \times 0.733 + 5 \times 0.333 \fallingdotseq 9 \tag{17}$$

です．(8)に較べて改善されたではありませんか．60ページあたりの表現でいうなら，目的関数の値が大きい角へと移動したことになります．

これで炭水化物とたんぱく質は使いきりましたが，まだ脂肪が

$$2 - 1 \times 0.733 - 2 \times 0.333 \fallingdotseq 0.601 \tag{18}$$

だけ残っていますから，もっと改善する余地はないかと気になります．そこで，炭水化物とたんぱく質を少し余す計画の中に利益がもっと大きくなるものがあるかどうかを調べてみます．炭水化物の余りをs，たんぱく質の余りをtとすると，(1)と(2)から

$$5x + 4y = 5 - s \tag{19}$$
$$5x + y = 4 - t \tag{20}$$

と書けます．ここで，sとtを定数のようにみなしながら両式を連立して解けば，

$$15x = 11 + s - 4t \tag{21}$$
$$3y = 1 - s + t \tag{22}$$

となります．これらを利益の式(4)に代入してみてください．

$$z = 9 - s - t \tag{23}$$

となり，sもtも正の値ですから，炭水化物とたんぱく質を使いきったときの利益(17)より確実に小さな値になってしまうではありませんか．こうして，炭水化物とたんぱく質を目いっぱいに使いきるのが最大の利益をあげる策であることが明らかになりました．

では，シンプレックス法にはいります．まず，表1のような表(フランス語でタブローといいます)を作ってください．このタブローは計算につれて下へ延びますから，下方の紙面には余裕を持たせていただきま

付　録

表1　シンプレックス・タブローのスタート

v_i	v_j 変数 ↱	0 b	10 x	5 y	0 λ_1	0 λ_2	0 λ_3	計	θ_i
0	λ_1	5	5	4	1	0	0	15	
0	λ_2	4	5	1	0	1	0	11	
0	λ_3	2	1	2	0	0	1	6	
	z_j-v_j	0	-10	-5	0	0	0	-15	

す．表中の数字は，つぎのとおりです．v_iの列は全部が0，bの列は制約条件(1)，(2)，(3)の右辺，xの列は制約条件のxの係数，yの列は同じくyの係数を書きます．λ_1は炭水化物の余り，λ_2はたんぱく質の余り，λ_3は脂肪の余りに相当する列なのですが，行と列がともにλ_1かλ_2かλ_3の位置には1を，その他の位置には0を書き入れます．そうしたら，各行ごとにbからλ_3までの値を合計して計の列に記入します．計の値はこれから先の検算に使います．また，いちばん上のv_jの行では，xとyの上には利益の式(4)のxとyの係数を書いてください．いちばん下にz_j-v_jという行があり，この意味については後で付言しますが，ここではz_jを0にみなして0からv_jを引いた値，すなわち，いちばん上の行の値を符号を変えて記入します．これでスタート準備完了です．

シンプレックス・タブローの作業を始めます．表2を見ながら付き合ってください．z_j-v_jの行のうち，bと計の値を除いてマイナスがいちばん大きな値を探すとxの列の-10が見当たります．で，xの列にラインマーカーなどで着色してください．この本では着色できないので，点線で囲んでおきました．この作業は，スッポンのほうがウナギより高価なので，スッポンに全力投球をしようとしたことに相当します．ついで，着色された値で隣のbの値を割って，右端のθ_iの列に記入し

表2 シンプレックス・タブローが完成

	v_j		0	10	5	0	0	0		
	v_i	変数 ↱	b	x	y	λ_1	λ_2	λ_3	計	θ_i
a	0	λ_1	5	5	4	1	0	0	15	1
	0	λ_2	4	5	1	0	1	0	11	0.8→
	0	λ_3	2	1	2	0	0	1	6	2
	z_j-v_j		0	−10	−5	0	0	0	−15	
b	0	λ_1	1	0	3	1	−1	0	4	0.333→
	→10	x	0.8	1	0.2	0	0.2	0	2.2	4
	0	λ_3	1.2	0	1.8	0	−0.2	1	3.8	0.667
	z_j-v_j		8	0	−3	0	2	0	7	
c	→5	y	0.333	0	1	0.333	−0.333	0	1.333	
	10	x	0.733	1	0	−0.067	0.267	0	1.933	
	0	λ_3	0.601	0	0	−0.599	0.399	1	1.401	
	z_j-v_j		9	0	0	1	1	0	11	完了

てください.これが(5),(6),(7)の値です.

つぎに,いま記入したθ_iのうちいちばん小さな値を探すと0.8ですから,0.8を含む行にラインマーカーで着色していただくと同時に,0.8に追い出しを意味する矢印をつけます.これは,(5),(6),(7)を比較して,もっとも厳しい(6)を採用したことを意味します.これでタブローaの作業は終わりました.

タブローbに移ります.タブローaでλ_2に相当するたんぱく質を使いきることにしたので,λ_2が追い出され全力投球のxがはいります.したがって,v_iの2行めにはタブローaでxの上にある10がはいるし,変数はλ_1, x, λ_3が並びます.10についている矢印は新入りの行を忘

付　録

れないためのものです.

　ここでタブロー a に着色された行と列の交点を見ると,そこの値は5です.この5でタブロー a の λ_2 の行にある b から計までの値を割って,その答をタブロー b の x の行に記入してください.0.8,1,……,2.2 のような値がはいるはずです.つぎに,タブロー a の λ_1 の行の値からタブロー b の x 行の値に5をかけた値を引いて,タブロー b の λ_1 の行に記入してください.かけ合わせた5は,タブロー a の λ_1 行と x 列の交点にある5です.同じように,タブロー a の λ_3 行の値からタブロー b の x 行×1の値を引いてタブロー b の λ_3 行に記入し,また,タブロー a の (z_j-v_j) 行の値からタブロー b の x 行×(-10)を引いてタブロー b の (z_j-v_j) 行に書き込んでいただきます.そして,タブロー b の各行の計が合っていることを検算してください.少しごみごみした計算でしたが,ここでやったことは(9),(10)と(12),(13)の計算であり,(8)の利益8が z_j-v_j の行に現われています.

　このあとの手順はタブロー a からタブロー b に移ったときと同じです.z_j-v_j の行のうち,b と計の値を除いてマイナスがいちばん大きな -3 に注目して,y の列に着色してください.そして,着色された値の中でいちばん小さいのは 0.333 ですから,これを含む行にも着色すると同時に,0.333 に追い出しを意味する矢印をつけます.これは(14),(15) のうち厳しいほうの(14)を y として採用することに相当します.

　タブロー c に移ります.y をふやして炭水化物を使いきることにしたので,λ_1 が y に乗っ取られます.タブロー b に着色された行と列の交点の値は3ですから,タブロー b の λ_1 行にある b から計までの値を3で割ってタブロー c の y 行に記入します.つぎに,タブロー b の x 行の値からタブロー c の y 行×0.2の値を引いて,タブロー c の x 行に書き入れます.また,タブロー b の λ_3 行の値からは,タブロー c の y 行×1.8の値を引いてタブロー c の λ_3 行へ,さらに,タブロー b の

(z_j-v_j) 行の値からタブロー c の y 行×(-3) を引いて，タブロー c の (z_j-v_j) の行に記入します．ここで，タブロー c の各行の計が正しいことを検算してください．

ここでは(14)，(16)，(19)の計算が行なわれ，その結果，(17)の利益 9 が z_j-v_j のところに現われました．さらにタブロー d へ進む必要があるだろうかと，タブロー c の z_j-v_j の行を調べてみると，どこにもマイナスの値は見当たりません．すなわち，シンプレックス・タブローはこれで完了なのです．そして，

$$x = 0.733, \quad y = 0.333, \quad z = 9$$

となり，本文の式(2.16)，(2.17)，(2.18)の結果を得ることができました．

なお，z_j-v_j について補足するなら，z は利益に相当し，z_j-v_j にマイナスの値があれば変数を入れ替えることによって，利益が増加する余地があることを表わしています．

付録(2) 116ページの確率計算

100分を1分間隔に区切って100区間を作り,20人がランダムに1区間ずつ占領するとします.1区間に2人以上が重複してもかまいません.1区間あたりの平均人数をmとすると,100区間に20人ですから

$$m = 0.2$$

です.ここで,ある特定の区間に注目すると,そこがある人数で占領されている確率は,ポアソン分布の式

$$p(r) = \frac{m^r}{r!} e^{-m}$$

によって

$$0人の確率 = \frac{0.2^0}{0!} e^{-0.2} \fallingdotseq 0.82$$

$$1人の確率 = \frac{0.2^1}{1!} e^{-0.2} \fallingdotseq 0.16$$

$$2人の確率 = \frac{0.2^2}{2!} e^{-0.2} \fallingdotseq 0.02$$

となります.したがって,あなたがある区間を占有しようと駆けつけたとき,そこが空いている確率は82%,1人がすでに占有している確率は16%,2人がすでに占領している確率は2%です.

また,40人の場合には,$m = 0.4$ですから

$$0人の確率 = \frac{0.4^0}{0!} e^{-0.4} \fallingdotseq 0.67$$

$$1人の確率 = \frac{0.4^1}{1!} e^{-0.4} \fallingdotseq 0.27$$

表3 e^{-m}の値

m	e^{-m}
0.0	1.0000
0.2	0.8187
0.4	0.6703
0.6	0.5488
0.8	0.4493
1.0	0.3679

$$2\text{人の確率} = \frac{0.4^2}{2!} e^{-0.4} \fallingdotseq 0.05$$

$$3\text{人の確率} = \frac{0.4^3}{3!} e^{-0.4} \fallingdotseq 0.01$$

となります.

　この計算過程からわかるように，100分ごとに1分でも，150分ごとに1.5分でも，あるいは200分ごとに2分でも，m が同じでさえあれば同じ計算結果がでてきます(表3). なお，ポアソン分布については，恐縮ですが『確率のはなし(改訂版)』の94ページをごらんください.

著者紹介

大村　平（工学博士）

- 1930年　秋田県に生まれる
- 1953年　東京工業大学機械工学科卒業
  防衛庁空幕技術部長，航空実験団司令，
  西部航空方面隊司令官，航空幕僚長を歴任
- 1987年　退官．その後，防衛庁技術研究本部技術顧問，
  お茶の水女子大学非常勤講師，日本電気株式会社顧問，
  (社)日本航空宇宙工業会顧問などを歴任

ＯＲのはなし【改訂版】
―意思決定のテクニック―

1989年8月30日	第1刷発行
2013年3月8日	第12刷発行
2015年5月25日	改訂版 第1刷発行
2022年3月23日	改訂版 第3刷発行

著　者　大　村　　　平

発行人　戸　羽　節　文

発行所　株式会社 日科技連出版社

〒151-0051　東京都渋谷区千駄ヶ谷5-15-5
DSビル

電話　出版　03-5379-1244
　　　営業　03-5379-1238

検印省略

印刷・製本　河北印刷株式会社

Printed in Japan

© Michiko Ohmura 1989, 2015
ISBN 978-4-8171-9550-0
URL http://www.juse-p.co.jp/

本書の全部または一部を無断でコピー，スキャン，デジタル化などの複製をすることは著作権法上での例外を除き禁じられています．本書を代行業者等の第三者に依頼してスキャンやデジタル化することは，たとえ個人や家庭内での利用でも著作権法違反です．